GUÍA DE SUPERVIVENCIA PARA HIJOS DE PADRES DIVORCIADOS

ESTEBAN BORGHETTI

GUÍA DE SUPERVIVENCIA

PARA HIJOS DE PADRES DIVORCIADOS

ESTEBAN BORGHETTI

La misión de Editorial Vida es ser la compañía líder en comunicación cristiana que satisfaga las necesidades de las personas, con recursos cuyo contenido glorifique al Señor Jesucristo y promueva principios bíblicos.

GUÍA DE SUPERVIVENCIA PARA HIJOS DE PADRES DIVORCIADOS
Publicado por Editorial Vida – 2014
Miami, Florida

© 2014 por Esteban Borghetti

Edición: *Madeline Diaz*
Diseño interior: *Juan Shimabukuro Design*
Diseño de cubierta: *Juan Shimabukuro Design*

RESERVADOS TODOS LOS DERECHOS. A MENOS QUE SE INDIQUE LO CONTRARIO, EL TEXTO BÍBLICO SE TOMÓ DE LA SANTA BIBLIA NUEVA VERSIÓN INTERNACIONAL. © 1999 POR BÍBLICA INTERNACIONAL.

CITAS BÍBLICAS MARCADAS «RVR60» HAN SIDO TOMADOS DE LA SANTA BIBLIA, VERSIÓN REINA-VALERA 1960 © 1960 POR SOCIEDADES BÍBLICAS EN AMÉRICA LATINA, © RENOVADO 1988 POR SOCIEDADES BÍBLICAS UNIDAS. USADAS CON PERMISO. REINA-VALERA 1960® ES UNA MARCA REGISTRADA DE LA AMERICAN BIBLE SOCIETY Y PUEDE SER USADA SOLAMENTE BAJO LICENCIA.

Esta publicación no podrá ser reproducida, grabada o transmitida de manera completa o parcial, en ningún formato o a través de ninguna forma electrónica, fotocopia u otro medio, excepto como citas breves, sin el consentimiento previo del publicador.

ISBN: 978-0-8297-6259-4

CATEGORÍA: Ministerio cristiano / Juventud

IMPRESO EN ESTADOS UNIDOS DE AMÉRICA
PRINTED IN THE UNITED STATES OF AMERICA

14 15 16 17 RRD 6 5 4 3 2 1

CONTENIDO

7 PRÓLOGO DE LUCAS LEYS

9 INTRODUCCIÓN:
LÉELO ANTES DE ABRIR ESCRIBE ESTEBAN

13 CAPÍTULO 1:
CREER ENTENDER, SIN HABLAR ESCRIBE ESTEBAN

19 CAPÍTULO 2:
RECUERDOS DE AQUELLOS DÍAS ESCRIBE FLOR

31 CAPÍTULO 3:
CONSECUENCIAS DEL DIVORCIO ESCRIBE ESTEBAN

43 CAPÍTULO 4:
POR GRACIA ESCRIBE FLOR

55 CAPÍTULO 5:
DIEZ CONSEJOS IMPORTANTES PARA LÍDERES ESCRIBE ESTEBAN

67 CAPÍTULO 6:
EL SENTIMIENTO DE UNA ESPOSA Y MADRE FRENTE A LA RUPTURA ESCRIBE MABEL

83 CAPÍTULO 7:
RECONSTRUYENDO LO DERRUMBADO ESCRIBE MABEL

95 CONCLUSIÓN:
UN FUTURO SIN IGUAL ESCRIBE ESTEBAN

PRÓLOGO

Este es un libro práctico ansiado por muchos y definitivamente necesario para miles de adolescentes y jóvenes. El divorcio es una realidad que llegó para quedarse y estableció su hogar en familias de todo tipo y de cualquier tamaño, nivel económico y religión.

¿Qué hacer? ¿Cómo reaccionar? ¿Quién tiene la culpa? ¿De qué lado debo estar? Estas son preguntas y desafíos comunes que enfrentan los hijos de matrimonios divorciados y que no tienen respuestas fáciles ni libres de una pesada carga emocional, estando muchas veces también llenas de culpa y rencor.

En este valioso libro el psicólogo y pastor Esteban Borghetti, con la ayuda de otras dos especialistas que a la vez son su mamá y su hermana, se dirigen directo a tu corazón y tu mente para ayudarte a tomar las mejores decisiones y resolver los posibles complejos, vergüenzas, penas y hábitos que puedes albergar en tu interior y suelen ser el resultado de ser hijo o hija de padres divorciados.

Quienes escribieron estas páginas no solo han estudiado el tema por numerosos años y a la vez ayudado a muchos como profesionales, sino que lo vivieron en carne propia. Esteban es hoy un reconocido conferencista, profesor y fundador del Grupo Integra, una organización que trabaja en pro de la salud sexual, pero además, él mismo es hijo de un matrimonio disuelto con algunos de los condimentos más desafiantes.

Me siento entusiasmado de que este libro haya llegado a tus manos, y te encargo que después de leerlo y devorar sus consejos, también se lo recomiendes a otras familias que estén enfrentando los mismos desafíos que la tuya. Muchos hijos de padres divorciados se sienten abandonados y estas páginas les traerán consuelo, dirección y libertad.

Dr. Lucas Leys
Escritor y pastor

INTRODUCCIÓN

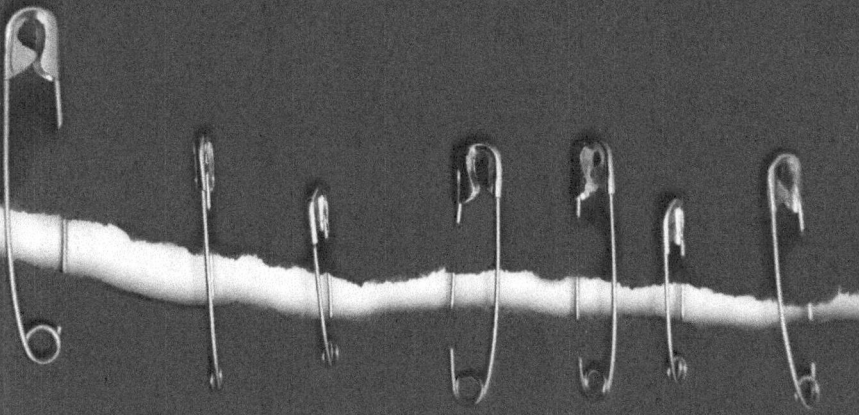

LÉELO ANTES DE ABRIR

[ESCRIBE ESTEBAN]

INTRODUCCIÓN

¿A quién le gustan las instrucciones que vienen con un nuevo aparato? Por mi parte, lo voy a admitir. Si hay algo que me molesta en el momento de poner en funcionamiento un equipo electrónico, es esa frase en la tapa que dice: **¡Importante! Lea el manual antes de encender el equipo.** ¡¿Qué?! Yo casi nunca lo he hecho, y hay varias teorías que afirman que somos los varones quienes tenemos más problemas con eso.

Debo confesar que algo dentro de mí me dice: ¡Debes hacerlo! Sin embargo, mi ansiedad y mi expectativa pueden más que esa advertencia, por lo que me lanzo a descubrir de manera intuitiva cómo funciona... y es así que he quemado varios aparatos el mismo día en que los compré. ¡Sí! ¿Acaso seré solo yo?

Por esa razón, lamento iniciar el libro con la misma advertencia, la cual es muy probable que nadie lea... pero bueno, yo cumplo con explicarte lo que vas a encontrar dentro de este libro. Obviamente, puedes descubrirlo por ti mismo sin leer esto primero, pero seguro que te ayudará saberlo de antemano.

El libro está pensado tanto para hijos de padres divorciados como para líderes y consejeros juveniles. Eso quiere decir que si estás pasando por el desafío del divorcio de tus padres o si tienes a cargo un grupo de jóvenes en el que algunos adolescentes están enfrentando esta situación o la atravesaron de niños, este libro es para ti. Para ser claros, al diseñar el contenido del libro tuve muy en cuenta explicar qué necesita conocer y saber un líder juvenil para ser asertivo en el momento de acompañar a un joven que esté pasando o haya atravesado el divorcio de sus padres. Una de las sensaciones más comunes de muchos hijos de padres divorciados es el abandono, lo cual suele explicar frases como: «¿Y lo que yo siento a nadie le importa?». Por eso resulta fundamental que los líderes juveniles lean este libro. Si ejercemos bien nuestro rol, nuestra ayuda puede ser vital.

El punto es que ya sea que seamos hijos de padres divorciados o uno de los líderes de estos jóvenes, debemos enfrentar este desafío comprendiendo toda la dimensión del impacto que tiene un divorcio. ¿Qué sienten normalmente los hijos? ¿Qué sucede con los progenitores en el rol de padres de familia? ¿Qué sucede con los padres en el rol de pareja? Debido a esto, al involucrarme de lleno en esta aventura de escribir sobre estas cosas, invité a mi hermana y a mi mamá, ambas psicólogas al igual que yo (¡lo siento, estaba en promoción el título de psicólogo en Argentina!) y quienes también pasaron junto a mí por esta situación de la que hablamos, a llevar a cabo un trabajo en conjunto, de modo que los tres podamos armar un panorama completo de los distintos aspectos de la vivencia del divorcio familiar.

Es así entonces que mi madre ofrecerá una mirada desde el rol de madre/padre frente al divorcio, mi hermana hablará desde el rol de hija mujer frente al divorcio y el abandono del hombre/papá de la casa, y yo aportaré mis vivencias desde el rol de hijo y pastor. Obviamente, los tres también aportaremos toda la experiencia adquirida en el campo profesional.

Resumiendo, este es un libro escrito por tres psicólogos (una madre y sus dos hijos) que fueron afectados por el divorcio familiar... y a los que Dios sanó de forma maravillosa.

Bienvenido a sus páginas.

CAPÍTULO 01

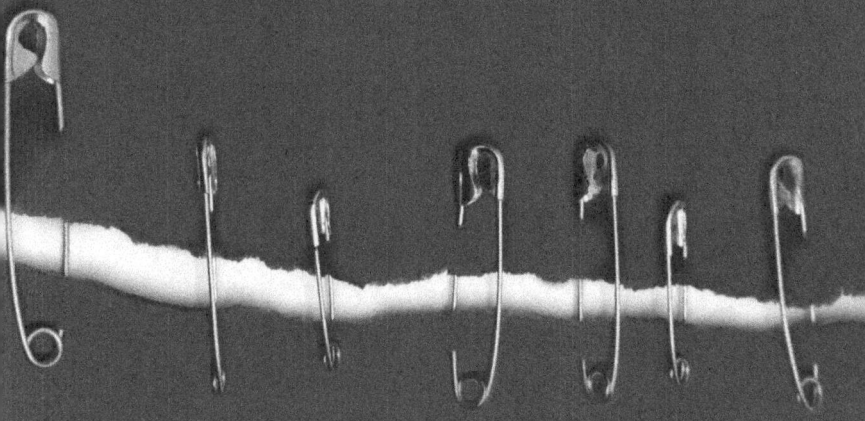

CREER ENTENDER, SIN HABLAR

[ESCRIBE ESTEBAN]

CREER ENTENDER, SIN HABLAR

Para muchas personas es fácil hablar sin entender; así como también creer entender, pero sin hablar.

He tenido la oportunidad de comprender debido a lo que me tocó vivir, pero sobre todo por hablar con otros y del mismo modo por escuchar a otros hablar. Esto me ha sucedido en muchas oportunidades, por ejemplo, en una sesión de terapia con alguno de mis pacientes. Al escuchar sus historias y compararlas con mi historia y también con lo que he estudiado, Dios me ha enseñado cosas muy importantes, dándome cuenta además de cómo estos jóvenes han aprendido al hablar y responder mis preguntas.

Hace unos años, estando con un joven que había pasado por el divorcio de sus padres, llegamos a discutir sobre la frase: «Lo peor que puede hacer *un líder es hablar sin entender... y aun peor es creer entender sin hablar*».

Y lo mismo es valido para un joven. Debemos hablar con las personas apropiadas en las situaciones apropiadas, ya que encerrar nuestros sentimientos y creer que los tenemos controlados porque nunca los sacamos a la luz es un error. El divorcio no es una situación fácil para nadie, y el problema es que muchas veces no podemos entender hasta que no hablamos.

En el caso de los líderes, antes de ponernos a aconsejar, debemos procurar entender lo que está sucediendo. Y antes de decir: «Esto ya lo entendí», es necesario preguntar a fin de corroborar que lo que creemos haber entendido es exactamente lo que la otra persona está en realidad viviendo.

¿Interesante no?

Pues bien, esta misma frase orientó el enfoque de este pequeño libro.

Cuando Lucas Leys me invitó a escribir estas páginas, sentí que era todo un desafío. He escrito otros libros sobre temas muy delicados y complejos como la homosexualidad o el abuso sexual, temas sobre los que quizás resulte más difícil escribir, pero créeme que este es el libro que más me ha costado.

Si bien doy fe y testifico que Dios ha hecho una obra hermosa y completa de sanidad en mi vida, al momento de escribir y recordar mis vivencias de niño, más de una vez se me escapó una lágrima. No porque la herida me duela, sino porque al ver la cicatriz recuerdo todo lo vivido y, por supuesto, también resucito las emociones. Sin dudas, Dios nos sana en su infinita misericordia, pero la cicatriz también me dice quién soy, de dónde vengo y a dónde voy.

Hoy puedo decir que definitivamente Dios ha cumplido su palabra en nuestra familia. Uno de los versículos más conocidos de la Biblia afirma: «Ahora bien, sabemos que Dios dispone todas las cosas para el bien de quienes lo aman» (Romanos 8:28). Sin embargo, con la misma seguridad podemos decir que hemos vivido tiempos dificilísimos, que han forjado nuestro carácter y nos han marcado para siempre, aunque gracias a Dios y al hecho de que hemos hablado de nuestro dolor, para bien.

Lo fundamental es que a fin de comprender la vivencia del divorcio y sanar nosotros mismos o ayudar a otros a hacerlo, debemos abarcar toda la complejidad de la experiencia. Es decir, verla con los ojos de otras personas también. Ponernos en el lugar del «otro» nos ayuda a valorar que todo no es tan simple como puede parecer desde afuera. No se trata solo del hecho de que los padres ya no vivan bajo el mismo techo, por ejemplo. Una simultaneidad de sentimientos controversiales tienen lugar en un mismo momento: el fracaso de una pareja, la pérdida de un padre o madre, el desvanecimiento de la seguridad de la familia unida, el miedo al abandono, el temor a repetir la historia, el enojo que dice: «¿Por qué a mí?», el lamento por «lo que no hice y no dije», la culpa, la posible vergüenza, la frustración, el miedo al mañana, la pérdida de la confianza y una muy larga lista de emociones.

Soy sobreviviente del divorcio de mis padres, y no solo yo, sino también mi hermana, y no solo mi hermana, sino además mi mamá. Y no solo mi hermana, mi mamá y yo, sino también mis abuelos, parientes, amigos y líderes de la iglesia han sido parte, actores y sobrevivientes del divorcio de mis padres.

Como verás, el divorcio de los padres no solo involucra a los propios hijos, sino influye en cada integrante de la familia (padres, hijos, hermanos, abuelos, tíos) y en todos aquellos que deseen ayudar y acompañar a los afectados en ese proceso de crisis.

Es por eso que a lo largo de estas páginas, al hablar del divorcio, vas a encontrar una visión integral y no solo particular, pues lo que se persigue es entender y ayudar a entender estas vivencias. Y algo que todavía tiene que estar más claro es la respuesta a la pregunta fundamental: ¿Cuáles son los pasos firmes que se precisan dar a fin de sobrevivir a un divorcio?

Sí. Responder a esta pregunta es el objetivo de este libro, y a fin de ir contestándola con precisión, pero con calma, en los capítulos siguientes vas a encontrar varias notas de color interesante. Lo primero es que como te contaba antes, este libro está escrito por una familia (mi mamá, mi hermana y yo). Lo segundo es que los tres somos psicólogos (si no te quedó claro antes o no lo leíste, ahora puedes reírte y no me ofenderé). Lo tercero es que tanto mi abuelo materno, mi padre y yo hemos sido pastores de la iglesia durante muchos años (en mi caso, más de una década). Y por último, que cada uno de nosotros (mi mamá, mi hermana y yo) hemos sido sanados por Dios de una forma profundamente real, pero *diferente por completo*.

Mi hermana hablará primero desde el punto de vista de las vivencias de la hija/hermana mujer dentro de una familia que está divorciándose. Luego lo hará mi mamá a partir de la perspectiva de los padres y sus vivencias, aportando a los líderes de la iglesia una mirada más amplia en cuanto a la necesidad de toda la familia, más allá de la experiencia del joven. Y finalmente, ofreceré mi punto de vista como hijo/hermano y actualmente padre, psicólogo y pastor.

¡Queremos ayudarte! Así que es probable que algunos conceptos se vuelvan a mencionar desde cada una de estas esquinas de la mesa, porque la idea es que usemos el mismo concepto y lo definamos desde el rol que nos tocó vivir a cada uno.

Esperamos que Dios utilice este libro y que a través de esta conversación nos siga equipando para ser personas cada vez más sanas, libres y que ayudan a otros a crecer y ser felices. Hablemos.

CAPÍTULO 02

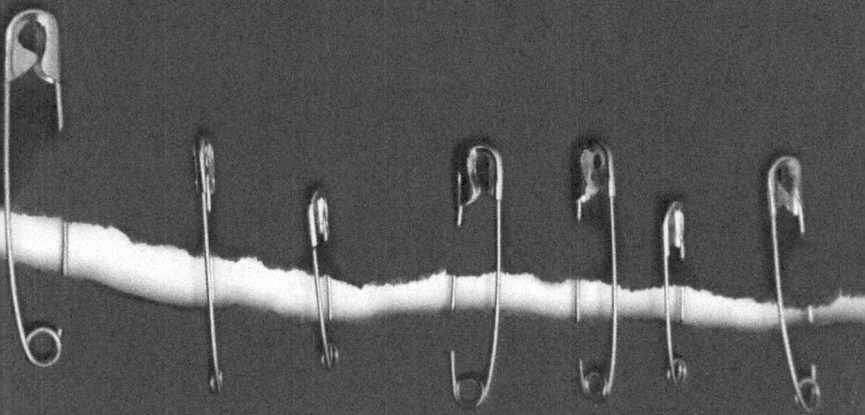

RECUERDOS DE AQUELLOS DÍAS
[ESCRIBE FLOR]

En este capítulo, mi propósito es sencillamente narrarte las vivencias que siguieron a partir de la separación de nuestros padres. En el próximo que escribiré en este libro, te contaré cómo Dios cambió mi vida y mis circunstancias, haciendo que hoy pueda declarar: «Convertiste mi lamento en danza; me quitaste la ropa de luto y me vestiste de fiesta» (Salmo 30:11).

Pues bien, hablemos de aquellos días. Tengo recuerdos aislados y un tanto vagos acerca de compartir momentos familiares entre los cuatro miembros de mi familia, porque yo era la más pequeña. Recuerdo ir caminando de la mano de mis padres al jardín maternal, esperar con alegría la llegada de los reyes magos en nuestra casa de veraneo en la costa, ir juntos acompañando a papá a los distintos destinos donde su empresa le asignaba una obra, almorzar en familia con mis abuelos, y asistir todos a las distintas iglesias a las que mi papá era invitado como orador. No obstante, algo que sí evoco hoy con mucha claridad es aquel sentimiento poco placentero de inseguridad, el cual me provocaba una gran angustia incluso sin conocer el porqué del mismo. Seguramente se trataba de la percepción de que algo malo estaba sucediendo, aun sin que hubiera algún indicio que lo confirmara. Recuerdo en especial un día en el que aquel presentimiento se hizo más fuerte, cuando vi que mis padres se hallaban reunidos en la sala de estar. Mientras ellos estaban a puertas cerradas, yo me encontraba del otro lado de la puerta, atenta a ver si escuchaba algo de aquella conversación. En ese momento todo resultaba muy confuso, pero mi sensación era de inseguridad, ya que aunque no entendía lo que ocurría, percibía la importancia de aquel encuentro relacionado con la situación de mi hogar.

Con el correr de los días, los hechos confirmaron que aquella extraña sensación que tanto me intranquilizaba sin entender la razón había llegado para quedarse. Algunos cambios que ya con mis cinco años podía llegar a captar eran los indicadores de una nueva experiencia y realidad familiar.

En ese primer momento de confusión, todo lo que estaba sucediendo en casa me producía ansiedad y temor. Desconocía la existencia de una palabra que describiera la situación que estaba viviendo. Con el pasar del tiempo la palabra «separación» iba cobrando sentido y aclaraba lo que estaba ocurriendo. Al igual que mis padres, muchas otras cosas más comenzaban a separarse. Ese término, que hasta el momento era lejano, implicaría la costosa realidad con la que debía aprender a vivir, sin ser consciente de todo lo que ello significaba.

Algunos sinónimos de la palabra separación explican lo que comenzaba a sucedernos, tales como: división, ruptura, alejamiento y exclusión. En el transcurso de todos esos años, cada una de estas palabras se hizo realidad en nuestro diario vivir, ya que constituyó una situación real experimentada tanto de manera personal como familiar.

Es común que los niños, frente a la separación de sus padres, experimenten culpa y crean que de alguna manera ellos son los causantes de la ruptura. Recuerdo que en aquel momento pensaba que lo que estaba sucediendo tenía que ver con un asunto entre mis padres y no conmigo, pero por momentos algunos sentimientos de culpa afloraban en mí. Pasado un tiempo, de manera equivocada comencé a sentirme culpable por lo que había sucedido, sin ser capaz debido a mi corta edad de recurrir al uso de la razón para comprender que no estaba bien que me sintiera responsable por la situación que vivíamos.

Junto con la pérdida del vínculo matrimonial se alteran muchas otras cosas, en especial la intimidad de la vida familiar diaria. Mi papá ya no dormía en casa, lo cual implicaría con el correr del tiempo el comienzo de un abismo afectivo entre él y yo, por más que no lo quisiéramos.

Con el fin de que la separación no fuera tan angustiosa, mi papá solía venir a casa asiduamente y pasar tiempo con nosotros. A veces se quedaba hasta que nos disponíamos a dormir, y la ilusión mientras me dormía era pensar que quizás al despertar lo encontraría en casa, y que todo este período tormentoso se acabaría y al final todo se acomodaría como en una ilusión mágica. Muchas de esas noches me hacía la dormida, pero al sentir que se marchaba de casa me pasaba a la cama de mamá en busca de protección, apaciguando así el sentimiento que hasta ese momento no tenía nombre, pero que después de un tiempo pude definir: abandono y desprotección. Si bien esta era la vivencia de toda la familia, yo la sentía puntualmente mía.

Tales sentimientos de fragilidad emocional afectaron entre otras cosas mi escolaridad. Al inicio de la misma comencé a tener problemas para quedarme en la escuela, no quería irme de mi casa por temor a que al regresar también mi mamá se hubiera marchado. Ella me llevaba y por un largo tiempo tuvo que permanecer en el aula conmigo sosteniendo mi mano. Esto me trajo algunas dificultades en el rendimiento escolar, las cuales arrastré por todo el tiempo que duraron mis estudios. Irme de casa para asistir a la escuela me provocaba un latente sentimiento de temor y angustia.

Todo comenzó a cambiar. Aquello que debía ser natural, como levantarse para ir a la escuela y encontrar a tus padres charlando alrededor de la mesa, riendo, leyendo, desayunando, programando el día y acordando planes futuros, dejó de tener lugar. Al despertar solo estaba mi mamá, que con gran esfuerzo y amor trataba de disimular lo que le ocurría, haciendo todo lo posible por mantener la naturalidad de lo cotidiano en pro de que la situación resultara lo menos traumática para nosotros.

Los días transcurrían, las cosas se iban acomodando a esta nueva modalidad, y comenzó a instalarse el nuevo formato de la relación con mis papás, en el que todo se hacía por separado: las salidas eran con uno u otro; las comidas, las vacaciones, las conversaciones, los momentos de entretenimientos, todo era ya de dos formas distintas. Cualquier situación ponía de relieve la palabra exclusión: una actividad que hiciera con alguno de ellos dejaba al otro irremediablemente excluido.

A medida que fui creciendo, tuve más conciencia de que esta situación ya sería permanente, y comprendí que este era el modo de vivir propio de las familias con padres separados.

Llegaban las vacaciones y pasaba unos días con papá y otros con mamá. ¡Eso me resultaba tan difícil! En primer lugar, porque ir con uno u otro implicaba para mí una especie de traición hacia el que dejaba, pues tenía que elegir con quién estar. Qué plan me resultaba mejor y más divertido ya no importaba, solo sentirme menos mal, menos culpable. Por supuesto, no era la intención de mis padres generar este sentimiento de malestar, sino la propia situación produce en el niño un sentimiento ambivalente, ya que se encuentra frente a una elección impuesta por las circunstancias, ajena a sus deseos. Recuerdo que mi papá organizaba unas largas vacaciones cada año para recorrer distintas zonas del país y así pasar más días con nosotros. Me es difícil explicar lo contradictoria que resultaba para mí esta situación de veraneo. Por un lado, deseaba ir, ya que la pasábamos bien, implicaba estar varios días con mi papá, a quien también amaba y extrañaba, conocía nuevos lugares, nos divertíamos, y casi siempre llevábamos amigos con los que compartir durante el viaje. Sin embargo, a la vez significaba estar lejos de mi mamá, a quien iba a extrañar mucho y necesitaba tener a mi lado, ya que había cosas elementales para las que sería indispensable su compañía como mujer.

Recuerdo en especial uno de esos viajes. Ya habíamos partido con mi papá en el auto, dispuestos a pasar varios días visitando diversas provincias. A unas cuadras de mi casa, papá se detuvo en una estación de servicio para cargar combustible, así que aproveché ese momento y salí del auto corriendo rumbo a mi casa, que estaba cerca. Corrí y corrí, intentando volver a mi hogar y acurrucarme en los brazos de mi mamá. La ambivalencia de mis sentimientos era enorme. Por una parte, quería irme y pasar unos días con mi papá, que también deseaba estar con nosotros. Por la otra, no podía dejar de pensar que mi mamá se quedaba triste y por mucho tiempo estaría sola, sin tener muchas noticias nuestras, así como nosotros tampoco de ella. Todo lo que naturalmente uno hace en la compañía de sus padres cuando es niño pasó a tener otro significado para mí, e implicaba grandes costos emocionales.

En esta etapa los padres constituyen el universo entero de sus hijos, y la relación amorosa entre la pareja es el medio por el cual los niños se sienten cuidados, protegidos y sostenidos. La crisis del divorcio produce en los hijos una cosmovisión muy condicionada por los hechos que les toca vivir.

La separación de mis padres comenzaba a impactar en otras áreas en las que me desarrollaba. Al ir creciendo nació un nuevo sentimiento en mí: el de la vergüenza. Tener padres separados no era en ese tiempo algo común, mucho menos si se trataba de una familia cristiana. Es por eso que comencé a sentirme diferente con respecto a mis amigas de todos los ámbitos en los que me relacionaba. Al encontrarme con ellas, me daba vergüenza ser la única del grupo cuyos padres estaban separados. Recuerdo que pensaba: ¿Me verán diferente? ¿Querrán igual jugar conmigo? ¿Qué pensaran?

Viene a mi memoria el sentimiento de incomodidad que me generaba la pregunta de mis amigas acerca de mis padres. La mirada de ellas en ese momento me resultaba amenazante, porque a mi entender estaba cargada de prejuicio con respecto a mí y mi familia.

En esta nueva etapa, cada noche junto con mi mamá y mi hermano celebrábamos un tiempo devocional familiar. Ese encuentro de los tres con Dios fortalecía nuestra fe, a la vez que reforzaba el sentido de familia, ya que si bien no estaba completa, al estar juntos nuestros vínculos afectivos se profundizaban. Para mí esto representaba no solo un momento de compartir amor entre nosotros, sino también un lugar seguro, un refugio donde podía sentir el amor y cuidado de un Padre que no se había ido y siempre permanecería a mi lado.

Se sabe que la ruptura que comienza en un punto de la estructura familiar va generando un continuo quiebre en otras áreas, produciendo nuevas rupturas. De este modo, las relaciones con el resto de la familia se ven también afectadas. En nuestro caso, la relación con algunos primos, tíos y abuelos se hizo cada vez más distante; como una ola expansiva, la separación entre mis padres seguía alcanzando a otras relaciones, esas que constituían las zonas seguras propias de los lazos familiares.

Como consecuencia de este suceso, también tienen lugar ciertos cambios de roles dentro del núcleo familiar. La figura de seguridad y protección frente al mundo, la cual se entiende que debe ser representada por el padre, en mi casa fue asumida por mi abuela materna, que con su fortaleza constituyó un valioso soporte. Las relaciones basadas en los lazos familiares fueron paulatinamente reemplazadas por aquellas basadas en lazos de amor y amistad. Mis tíos Carmen y Mario Leys, quienes nos sostuvieron y acompañaron en cada momento de esta experiencia, han sido para mí una referencia de hogar, así como su hijo, mi primo Lucas, con el que compartí casi cada día de mi niñez y adolescencia, y con quien aun hoy disfruto mucho al seguir compartiendo la vida y las familias que formamos.

Por más que mi mamá se esforzara empleando todos los medios para tratar de apaciguar el dolor y las complicaciones que todo esto estaba acarreando, mi hogar en ese momento era un símbolo de fragilidad en vez de seguridad. En ese tiempo fueron muy importantes los referentes de amor que estaban a nuestro alrededor sosteniéndonos como una red amorosa de contención. En relación a esto, era para mí muy importante recibir constantemente en casa a familias con las cuales compartíamos momentos de comunión, así como también visitar los hogares de mis amigas y de aquellos que nos hacían sentir amados.

Siempre me resultó muy difícil comprender cómo un papá que me amaba se había marchado de casa, se había alejado de mí. Esto, sin yo ser consciente de ello, afectaría mi sentido del amor, porque implicaba un sentimiento contradictorio, constituía una conducta ambivalente. Por un lado, percibía el amor de mi padre, que al parecer no había sido alterado, mientras que por el otro, me confundía el hecho de que fuera un padre que se excluyó del proyecto familiar, modificando de esta manera sin la intención de hacerlo mi interpretación del significado del amor, pues esta palabra incluye cuidado, respeto, conocimiento y la presencia de los progenitores. Se trata de una responsabilidad con sus hijos, por lo que es necesario que el *amor* no sea solo una linda palabra que se dice, sino que el mismo pueda verse traducido en actos, contribuyendo así al futuro emocionalmente sano de los hijos.

Por mi vivencia sé que el divorcio de los padres necesariamente afecta la vida de los hijos y los obliga a transitar un camino doloroso. Junto con la ruptura matrimonial se pierden muchas cosas valiosas, como la intimidad familiar cotidiana con uno de los padres, se altera el orden familiar y se generan sentimientos no placenteros tales como inseguridad, temores, angustias, ansiedades, culpas, vergüenza, sensación de abandono, desprotección, fragilidad emocional, labilidad psíquica y emociones ambivalentes. Y toda esta situación traumática necesariamente va a incidir en la formación de una sana autoestima.

Sé también por mi experiencia que este costoso escenario de gran vulnerabilidad se contrarresta humanamente cuando en el hogar existe una figura parental sólida, que tenga claridad acerca de las necesidades y carencias reales de los hijos y esté dispuesta de forma incondicional a suplirlas en un marco de amor, seguridad y estabilidad para el logro de un desarrollo emocional sano.

Hablamos de lo *humanamente* necesario para compensar las carencias producidas por la vivencia dolorosa, pues sabemos que es Dios quien con su poder transforma todas las cosas y las hace nuevas, supliendo con su amor *todas* nuestras profundas necesidades.

CAPÍTULO 03

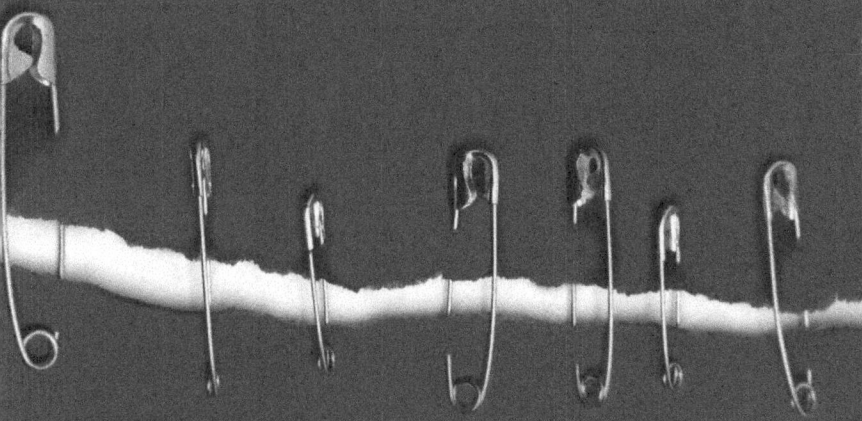

CONSECUENCIAS DEL DIVORCIO

[ESCRIBE ESTEBAN]

El divorcio es una experiencia muy diferente para cada integrante de la familia. Cada uno de los miembros del hogar vivirá el divorcio de una forma totalmente particular, cada hijo y cada padre te relatará sus vivencias de una manera distinta por completo.

Aunque suene obvio lo que te voy a decir, es importante que recuerdes que a pesar de que conozcas la experiencia del divorcio (incluyendo el de tu propia familia), esto no te habilita para afirmar que «conoces» un divorcio en particular. Te aclaro esto porque desempeñar una buena labor al acompañar a un joven en su proceso de sanidad y elaboración del divorcio de sus padres depende en gran parte de que no supongas saber y entender lo que está viviendo, sino que te presentes frente a sus vivencias como el más «novato» sobre la historia, a fin de que puedas para darle el total protagonismo a quien estás acompañando en ese momento en particular.

Teniendo en mente que cada experiencia de divorcio es una expresión única e irrepetible, y que por más que hagamos un gran esfuerzo para entenderla la realidad siempre será más amplia y profunda que tu comprensión, quisiera mencionarte algunas vivencias similares que podríamos encontrar en aquellos adolescentes y jóvenes que pasaron por el divorcio de sus padres.

El divorcio de los padres transforma por completo la vida de sus hijos. El grado de sufrimiento causado por la separación de los padres es mayor en los hijos que en el propio matrimonio. Las investigaciones demuestran, y mi experiencia como psicólogo e hijo de padres divorciados lo confirma, que los efectos del divorcio sobre los hijos son más graves y duraderos que aquellos que sufre el resto de la familia.

Como dice el Dr. Vila en su libro *Avistando el arco iris*, la mayoría de los padres que deciden divorciarse no son conscientes de los efectos traumáticos y duraderos que esa separación tendrá sobre sus hijos. Sin embargo, todos los estudios sobre el tema señalan las consecuencias devastadoras que tiene el hundimiento de la familia original en las áreas de la salud, la educación y las relaciones de los hijos.

El divorcio puede representar una segunda oportunidad para los padres (al reconstruir sus vidas, volver a enamorarse, aprender de los errores pasados, ser mejores padres, etc.), pero para los hijos constituye una crisis y la pérdida más significativa.

La información que compartiré en las próximas líneas surge de mi experiencia pastoral y clínica, así como de un artículo publicado en la *Revista Intercontinental de Psicología y Educación*,[1] para el cual se analizaron los casos de trescientos diez estudiantes de dos escuelas públicas ubicadas en zonas urbanas del sur de México, que pertenecían a una franja poblacional considerada psicológicamente normal y no sufrían de ningún tipo de marginación social.

Dentro de esta investigación, voy a recoger los datos relacionados con la adolescencia, ya que este libro (como expresamos al inicio) tiene como objetivo central equipar a los líderes de jóvenes para que lleven a cabo la asesoría y el acompañamiento correctos en los casos de adolescentes con padres divorciados.

CONSECUENCIAS PSICOSOCIALES MÁS COMUNES

Antes de comenzar a explicar las consecuencias, quería mencionarte que según los adolescentes que participaron en el estudio, la separación de sus padres constituía la crisis más importante de sus vidas.

---

[1] *Revista Intercontinental de Psicología y Educación*, Vol. 12, Núm. 1, enero-junio, 2010, pp. 117-134.

1. UNA ADOLESCENCIA SIN ADOLESCENCIA

Me habrán escuchado decir muchas veces esta frase en las charlas en torno a los adolescentes, tratando de reforzar el concepto de que no existe adolescencia sin conflictos, rebeldías, cambios y crisis. La adolescencia se define por todo esto. Sin embargo, las crisis de los adolescentes necesitan de un contexto que no esté en problemas a fin de cumplir en profundidad su propósito: traer cambios a este sistema estable, empujándolo al crecimiento y la madurez. Esta tarea evolutiva propia de la adolescencia se encuentra interrumpida, ya que muchas veces el joven se ve en la obligación de ser el «más estable, maduro y racional» de la familia en medio de una crisis de divorcio.

Es frecuente que los adultos esperen de los adolescentes una adaptación sin problemas al divorcio, porque los ven más grandes y por ende con mayor capacidad de comprender. No obstante, la disolución del hogar es especialmente perturbadora para ellos, ya que con padres divorciados o no, su necesidad evolutiva es la misma: necesitan que su estructura familiar los ayude a contener sus propios impulsos, desajustes, irracionalidades, ambigüedades y ambivalencias emocionales, pero en lugar de esto, en medio de una situación de divorcio, un joven se encuentra con unos padres que le están pidiendo que lidie con esos problemas por sí mismo, sea comprensivo, estable, y le permita a sus progenitores pasar por la «adolescencia matrimonial».

Por lo tanto, los adolescentes se sienten muy ansiosos frente a la vulnerabilidad de sus padres y les preocupa su futuro. Les perturba ver que sus padres son personas con impulsos y problemas emocionales, cuando ellos mismos están tratando de enfrentarse a su propia emocionalidad. Como consecuencia de este desfase evolutivo obtenemos un adolescente sin adolescencia, lo cual acarrea algunas «deudas» hacia la adultez.

Los jóvenes viven su adolescencia con la sensación de que la necesidad generacional se ha violado, pudiendo experimentar como consecuencia enojos y frustraciones profundas con sus padres o una pérdida evidente de su autonomía, quedándose en el hogar, ocupando el lugar del padre o la madre, o siendo niños infantiles dependientes o compañeros del padre con el que conviven.

También otra posibilidad son las partidas precipitadas del hogar, pues como un mecanismo de defensa frente a la inestabilidad de su hogar paterno, salen huyendo de la casa en búsqueda de su propio futuro.

2. BAJA AUTOESTIMA

Si tuviéramos que nombrar un solo rasgo sumamente distintivo en los hijos de padres divorciados, sin lugar a dudas sería la distorsión en su propia estima. La baja autoestima es la características que más presente he visto durante la atención pastoral a los hijos que han atravesado el proceso de divorcio de sus padres, en especialmente cuando este ha ocurrido durante la niñez de los hijos y tiene como trasfondo un matrimonio disfuncional con violenta física, verbal o psicológica.

La autoestima son los pensamientos y sentimientos que el adolescente tiene sobre sí mismo como consecuencia de las interacciones que tuvo con las figuras parentales de la infancia. Es así que la autoestima está en íntima relación con las vivencias de su corta edad. Los niños que han disfrutado de padres positivos, atentos a sus necesidades evolutivas, que establecen límites claros y firmes, les brindan afecto y hacen comentarios positivos sobre su forma de ser y actuar, están más propensos a desarrollar un concepto correcto de sí mismos que aquellos que no han sido criados de esta forma. Lamentablemente, es muy común ver que en hogares disfuncionales o en proceso de divorcio las necesidades de los hijos quedan postergadas a la egoísta resolución de las necesidades matrimoniales.

Este autoconcepto o autoestima guarda una relación íntima con muchas patologías y vivencias disfuncionales de la vida adulta. Apoyándome en los trabajos del psicólogo Don Hamachek, voy a mencionar siete signos de baja autoestima que podemos encontrar en nuestros adolescentes.

Sensibilidad a la crítica

Están muy atentos a lo que los demás puedan pensar de ellos. Sé que es «normal» dentro de la adolescencia preocuparse por la imagen y el comentario social, pero los hijos de padres divorciados suelen estarlo más. A fin de no quedar expuestos, modifican drásticamente sus comportamientos, sentimientos o preferencias, ya que no les gusta que otras personas se los señalen. Tienen tendencia a percibir cualquier forma de crítica como un ataque personal.

Respuesta inapropiada a los halagos

A todos nos gusta escuchar cosas positivas sobre nosotros, pero en estos casos los jóvenes se desesperan por oír algo bueno acerca de ellos y constantemente se mantendrán a la espera de nuevos cumplidos. Los verás haciendo cosas con el solo propósito de oír un reconocimiento por parte de los demás. Esta motivación es peligrosa, ya que muchas veces al no recibirlo, se frustran, abandonan sus grupos de pertenencia o se enojan con su líder.

Actitud hipercrítica

Los adolescentes que no se sienten bien consigo mismos tienen problemas para sentirse bien con cualquier otra persona. Este tipo de comportamiento los lleva a buscar imperfecciones y defectos en los demás. No pueden sentirse inteligentes, atractivos o competentes a menos que sean la persona más inteligente, atractiva o competente del entorno. Este tipo de pensamiento los lleva a tener siempre un concepto mejor de sí mismos que de los otros.

Tendencia a la culpabilidad
Con el fin de sentirse inferiores a los demás, hacen responsable del fracaso o el mal funcionamiento de las cosas a sus defectos o imperfecciones. Esto los lleva a alejarse de situaciones donde pueda quedar en evidencia su incapacidad, dejándolos aislados de desafíos, logros y éxitos.

Sentimientos de persecución
Al contrario de lo anterior, culpan a los demás de sus propios fracasos. No se hacen cargo de la parte que les toca y le atribuyen toda posibilidad de mejora a las acciones de otros y no a las propias. Esto puede extenderse a la creencia de que los demás están buscando activamente su ruina. Si alguien es despedido de su trabajo, por ejemplo, puede consolarse pensando que su jefe se la tenía jurada. Esto le permite evitar la responsabilidad personal por su fracaso.

Sentimientos negativos con respecto a la competencia
En mayor o menor medida a todos nos gusta ganar en los juegos y rebatir argumentos para mostrar nuestras ideas, pero los adolescentes con esta tendencia buscan evitar tales situaciones porque, en el fondo, creen que no pueden ganar, y quizás también debido al pensamiento de que no ser el primero es una prueba clara de fracaso total.

Tendencia al alejamiento y la timidez
Las personas con baja autoestima creen que no son ni tan interesantes ni tan inteligentes como los demás. Consideran que los otros piensan lo mismo con respecto a ellas, por lo que tienden a

evitar situaciones sociales y, cuando se ven obligadas a estar con otros, evitan hablar, porque piensan que si lo hacen solo harían una incómoda demostración de su torpeza y estupidez.

3. A CUALQUIER EDAD SE SIENTEN RECHAZADOS

En estos casos, es muy común encontrarnos con sentimientos de abandono y soledad. Cuando un padre abandona al otro, los niños lo interpretan como si los abandonaran a ellos. Piensan que su opinión no cuenta y sienten impotencia frente a su incapacidad para influir en un acontecimiento tan importante en sus vidas.

4. SE SIENTEN PROFUNDAMENTE SOLOS

Todos los apoyos parecen desaparecer. Menos del diez por ciento de los niños que participaron del estudio referido tuvo a su lado a un adulto que les hablara comprensivamente mientras se producía el divorcio. Los padres están muy preocupados por sí mismos, deprimidos y desorientados, de modo que es poca la disposición que en los primeros momentos tienen para sus hijos. Ellos sienten que no son una prioridad en la vida de sus padres, por lo que necesitan adultos que estimulen su autoestima y apoyen sus aptitudes.

5. CONFLICTOS DE LEALTADES

El divorcio es visto como una riña entre dos bandos, y los hijos sienten que deben tomar partido. Este es un dilema sin solución, porque si no toman partido se sienten aislados y desleales, y si lo hacen sienten que están traicionando a uno de sus padres.

Estas primeras reacciones no determinan necesariamente la evolución posterior. Los efectos del divorcio no pueden preverse basándose en estos comportamientos iniciales. Los acontecimientos pueden tomar diversos caminos a lo largo de los años, y el apoyo y la atención de ambos padres son necesarios durante todo el proceso de crecimiento.

6. ESPERANZA DE RECONCILIACIÓN

Otro aspecto común en todos los hijos de familias divorciadas es la sensación persistente, a lo largo de los años en algunos casos, de que la pérdida de la familia no es definitiva. El carácter irrevocable del divorcio no es tan obvio como el de la muerte, y los niños suponen que puede ser remediable. Mantienen o pueden mantener contacto con el padre no conviviente, lo cual ayuda a sostener la expectativa de la reunificación. Las vacaciones, los cumpleaños y otras festividades familiares vuelven a despertar fantasías de reconciliación, y hasta un simple saludo puede ser interpretado como un signo de acercamiento entre sus padres.

7. MAYOR MIEDO AL FRACASO MATRIMONIAL

Otro efecto observado es que los hijos de las familias divorciadas sienten más temor que los hijos de familias intactas al fracaso matrimonial. Su búsqueda de amor e intimidad está rodeada de fantasmas. Su transición a la adultez es muy difícil. En esta época se renuevan los sentimientos y recuerdos vinculados al divorcio.

Todos comparten el temor al rechazo, la traición y la vulnerabilidad frente a la sensación de pérdida, que puede prolongarse durante toda la vida.

Como se mencionó previamente, uno de los sentimientos que acompaña la separación es la impotencia que los hijos sienten ante una crisis tan importante e influyente en sus vidas. Los sentimientos de culpa frente al divorcio pueden constituir una defensa frente a la impotencia. Es preferible sentirse culpable (lo que implica alguna posibilidad de control sobre la situación) que impotente (lo que genera sensaciones de total desamparo y resulta más perturbador).

Además, tiene lugar una distorsión de la figura de Dios como Padre, un punto que desarrollaré con más profundidad en el capítulo «Diez consejos importantes para líderes de hijos con padres divorciados».

Burin y Meler (1998) se suman al grupo de los estudiosos del tema que consideran que el divorcio tiene consecuencias negativas en el desarrollo de los hijos y refieren que esta experiencia, en especial cuando ocurre en edades tempranas del desarrollo del niño, ocasiona una serie de efectos que interfieren en la adaptación posterior de este. Dentro de estos efectos se mencionan:

a. el derrumbe precoz de la imagen idealizada de los padres, debido a los mensajes negativos que recibe de uno o de ambos.

b. carencias afectivas, ocasionadas porque los padres están inmersos en resolver sus problemas económicos y afectivos;

c. percepción de rechazo por parte del padre, sobre todo de aquellos aspectos que le recuerdan a la ex pareja.

d. alteraciones de los límites, al existir desavenencia entre los padres en el manejo de las normas.

CAPÍTULO 04

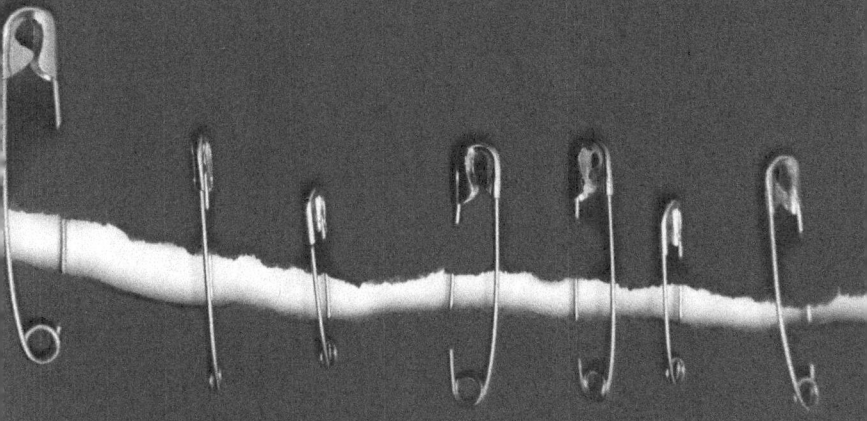

POR GRACIA

[ESCRIBE FLOR]

Existe un concepto generalizado de que todos los hijos de padres separados, de modo indefectible, tendrán problemas psicológicos que arrastrarán eternamente, pero no siempre es así. El nivel de gravedad psíquica está regulado por varias circunstancias, entre las cuales se halla la forma en que los protagonistas de la ruptura transmiten a sus hijos sus sentimientos y manejan el conflicto, procurando el menor daño para ellos, aunque sepan que necesariamente el sufrimiento es inevitable. Otro factor importante es la manera y la habilidad con que el niño o el adolescente se enfrentan a la nueva situación que tiene gran influencia en su vida, es decir, su propio estilo de abordaje y los recursos con los que cuenta.

La buena noticia entonces es que *no hay una relación lineal entre el divorcio y los severos problemas psicológicos en los hijos*.

Cuando se trata de padres que son conscientes del dolor causado a los hijos, estos procuran dentro de sus posibilidades que la experiencia sea lo menos traumática posible, dejando a un lado muchas veces sus propios sentimientos en cuanto a su situación.

Existen en cambio otros padres que frente al trauma vivido no les dedican el debido cuidado a los hijos, porque la situación en sí misma los agobia. Es entonces cuando los hijos se sienten completamente solos y desprotegidos en medio de una situación caótica, sin ninguna contención y sostén emocional, lo cual genera en los hijos marcadas perturbaciones.

Se sabe que el sufrimiento en nuestra vida, cualquiera sea su índole, depende mucho del modo en que se enfrentan y procesan las circunstancias adversas.

Según mi experiencia, creo que continuar el vínculo afectivo con ambos padres es muy saludable para el desarrollo integral del hijo. El mayor conflicto surge cuando alguno de los dos padres alberga sentimientos de hostilidad, rechazo y rencor.

Si la separación matrimonial se produce cuando los hijos tienen una corta edad, la vulnerabilidad de estos se ve acrecentada, y necesariamente el desarrollo armónico de la personalidad resulta más difícil.

Al llegar la adolescencia, los cambios físicos aparecen con gran velocidad, generándose una nueva imagen de la persona. Poco a poco se comienza a construir una nueva forma de ser en el mundo. Aparece la necesidad en los adolescentes de independizarse y construir su propio proyecto de vida, transitando y experimentando distintos caminos. Sin previo aviso, se encuentran con un nuevo cuerpo, con nuevos impulsos, emociones y sentimientos. A su vez, sus responsabilidades van creciendo, y comienzan a surgir nuevos temas de interés, tales como la carrera a seguir, el noviazgo, el futuro, la identidad y las expectativas de quién desean llegar a ser. Es un tiempo de gran incertidumbre y caos. En medio de la crisis propia de la adolescencia, es común que el mundo adulto les resulte a los jóvenes confuso y contradictorio. Hay un sentimiento latente de crecer y a la vez no crecer. Se trata de un costoso camino hacia una mayor autonomía e independencia y la construcción de la identidad.

Analizando esos años de mi vida, creo que mi mayor dificultad fue el temor a crecer, no llevado a un plano consciente, pero sí puesto de manifiesto en mi conducta, mis decisiones y elecciones. Mi adolescencia y sus características psicológicas duraron bastante tiempo en mi vida, lo que interfirió en todas las otras áreas, es decir, en mis realizaciones personales.

Ese rasgo de inmadurez emocional, propia del adolescente y en mi caso acrecentado por lo vivido, influyó en la toma de decisiones que el tiempo me obligaba a realizar, quedando desfasada con respecto a los otros jóvenes de mi edad. Pude darme cuenta de tales desajustes mucho tiempo después, por lo que siempre digo que las realizaciones personales en mi vida se vieron cumplidas a destiempo.

Experimentaba un desorden interno que tuvo un alto precio para mí, ya que si bien todo adolescente atraviesa por un período de desorganización y dudas, en mi caso el curso del mismo tuvo un costo adicional.

La situación conflictiva producto de la separación de mis padres afectó mi confianza y mi seguridad, temía asumir nuevos desafíos, aquellos que eran propios de los adultos, y en el abordaje de conductas frente al mañana, los temores se acrecentaron a tal punto que todo mi futuro fue postergándose por miedo.

La separación de mis padres condicionó mi seguridad afectiva, mis sentimientos de pertenencia, mi confianza y autoestima.

En mi mente y mi corazón comenzaron a anidarse preguntas tales como: ¿Seré feliz? ¿Cómo será mi futuro? ¿Se repetirá lo vivido en mi hogar? ¿Cómo es realmente el amor en la pareja? ¿Podré construir una familia estable? ¿Podré confiar en el amor prometido? ¿Algún hombre me amará de una manera comprometida e incondicional? ¿Cómo será el amor de un hombre? Si bien la deseaba para mi vida, me resultaba difícil pensar que se podía tener una relación emocional estable, plenamente feliz y comprometida.

Fui creciendo, adentrándome en la vida adulta, pero el área afectiva seguía teniendo la impronta de la adolescencia. Mis decisiones con relación al amor constituyeron uno de los aspectos más críticos, estando teñidas de inmadurez, desorientación y confusión, lo que acentuaba mi inseguridad y desconfianza. La situación dolorosa vivida afectó sin dudas todas las áreas de mi vida.

Con seguridad, los mecanismos defensivos que ponía en práctica a fin de evitar mayor sufrimiento retrasaban los acontecimientos de mi vida, de modo que el cumplimiento de expectativas como la finalización de mi carrera y mi casamiento fueron sufriendo mis propias postergaciones, sin tener muy claro cuáles eran los impedimentos que yo misma creaba.

La crisis llegó a afectar también mi relación con Dios, tenía muchas quejas con respecto a sus planes conmigo. Poco a poco, y sin darme cuenta, mis decisiones me alejaban de Dios. Miraba a mi alrededor y tanto mi abuela como mi mamá, mi hermano, familiares y amigos estaban ahí, constantes y fieles a Dios, pero yo estaba muy confundida y en plena lucha interior.

Me llevó tiempo entender que su gracia era su amor por mí. Comprendí que Dios nunca abandona a sus hijos, así que no iba a permitir que siguiera caminando alejada de él. Dios salió a mi encuentro y me rescató *por* su gracia y *con* su amor. No se puede huir del amor de Dios, este y su gracia te alcanzan sin importar en qué lugar te encuentres.

La separación de los padres no es un problema que se resuelve fácilmente. Al principio produce un dolor agudo, pero luego este se hace crónico debido a la permanencia de sus secuelas, y uno tiene que aprender a vivir apelando a diferentes recursos.

Todo ser humano cuenta con habilidades o recursos naturales que le son propios, algunos de ellos se obtienen genéticamente, como los que conforman el temperamento. Según el temperamento que posea, una persona podrá afrontar las situaciones dolorosas con mayor entereza que otra que no cuente con esas características. Además, el medio ambiente nos proporciona los que llamamos recursos adquiridos, es decir, aquellos que aprendemos a partir de la enseñanza de los adultos, la familia y las situaciones dolorosas. Aquí también hay diferencia entre las personas. Según hayan interiorizado o no formas sanas de enfrentar las frustraciones de la vida, estarán más capacitadas para superar las situaciones complejas que la vida nos presenta a todos. La conjunción del temperamento y lo aprendido conforman nuestro carácter, nuestra forma de ser en el mundo, las características distintivas de nuestra persona. Toda esta influencia interna y externa hace que frente al mismo sufrimiento algunas personas se vean afectadas, pero puedan sobreponerse y tener una actitud positiva frente a la vida, mientras que otras no.

El proceso fue largo, pero poco a poco Dios comenzó a ordenar cada área de mi vida, orientándome, guiándome, supliendo mis necesidades y curando mis heridas. Dios estaba proveyéndome todos aquellos medios con los que yo no contaba. Es su propio poder el que obra en nosotros. Todo un conjunto de posibilidades sobrenaturales que Dios nos da a fin de lidiar con el sufrimiento.

No es lo mismo enfrentar el sufrimiento con nuestras propias habilidades que hacerlo con los medios adicionales que provienen de Dios. Él nos capacita, nos permite contar con un poder divino, y ahí reside la diferencia. O bien atravesamos la situación dolorosa solo con lo que contamos, o de la mano de Dios y con su infinita bendición.

La situación puede seguir siendo la misma, no haber variado mucho, pero frente al dolor sus hijos cuentan con otros medios. Su intervención nos otorga fuerzas renovadas. No se trata de la fuerza de la autoayuda, ni de la creencia de que uno mismo tiene todos los medios suficientes para superar el problema, sino del poder de Dios. La gracia, el regalo de Dios en nuestras vidas, produce cambios, ya que convierte en bendición lo que consideramos una situación traumática.

Se sabe que este tipo de conflictos que viven los hijos deja una huella en su desarrollo, pero también es una realidad maravillosa que el amor de Dios se manifiesta en todas las circunstancias de nuestra vida y puede transformar el conflicto en bendición.

Su gracia además nos da todo lo que necesitamos para llevar una vida como al él le agrada. Nada nos separará del amor de Dios, ni tribulación, ni angustia, sino que sobre todas estas cosas somos más que vencedores. El regalo de Dios es su amor incondicional, la mayor muestra de su gracia, del cual nada ni nadie nos podrán apartar.

A pesar de mi vulnerabilidad e indiferencia, él permaneció fiel. Fue bueno entender que Dios no es deudor de nada, porque cumplió lo que me prometió y me dio mucho más de lo que le pedí. Recuerdo que desde chica y por muchos años, cuando hablaba con Dios y le contaba todos mis temores, le pedía que sanara en mí todo lo que estaba herido y dañado. Sabía que el impacto de lo que había sucedido iba a causarme muchas dificultades, pero hoy puedo decir que él siempre ha sido fiel.

En aquel tiempo, confiar plenamente en Dios, poner en sus manos toda la resolución de mi futuro, me resultaba difícil. Verlo como un padre amoroso, que cuidaba de toda mi persona, era algo lejano a mi vivencia. Sin embargo, él allanó todo aquel futuro que yo veía oscuro y al que le temía, transformando mi lamento en baile. Me mostró su camino y obró en mi corazón una disposición a seguirlo.

Debemos considerar las situaciones de la vida, aun las más dolorosas, como grandes oportunidades que Dios tiene de mostrar su poder. Sigo aprendiendo que su poder se perfecciona en mi debilidad e imperfección, y que él puede mostrar su fortaleza a través de mi vulnerabilidad.

Ponerte en las manos de Dios cambia tu pensamiento y la manera de ver la vida; la gracia de Dios produce la transformación, da fuerza y obra el milagro de la sanidad. Dios lo cambia todo.

Nadie está librado del sufrimiento, este es propio del ser humano. A algunos les llega muy temprano en la vida, en algún momento el sufrimiento toca la puerta. No obstante, en medio del dolor, Dios nos está sosteniendo, cuidando y sanando. Es nuestra responsabilidad ponernos en el lugar donde podamos recibir su infinita bendición.

No sé precisar en qué momento Dios comenzó a restituir lo dañado y reordenar mi vida, pero fue cuando comencé a entender que era un Padre que no permitiría que nada me faltara. Dios suple toda carencia. Aun el mejor padre con las mejores intenciones puede equivocarse, pero no Dios. Por eso el ejercicio de cada día fue y es aprender a poner mi confianza solo en él.

Comencé a ver mi vida desde la perspectiva de Dios, y ese fue el punto de partida para el cambio. Cuando tomé consciencia de su presencia en mi corazón, él comenzó a cambiar mi forma de pensar y ver las cosas, así como mi modo de actuar. Aprendí también que él podía utilizar mis recursos personales a su manera; no los rechazaba, pues eran valiosos para su obra. Dios coloca nuestros recursos y habilidades justo en su lugar y luego los usa.

En la Biblia leemos la historia de Gedeón. Dios lo eligió para pelear contra los madianitas, quienes asechaban al pueblo de Israel. Gedeón, a los ojos de Dios, era un joven que tenía dos virtudes personales: era un varón esforzado y valiente. Sin embargo, él le expresó al Señor su incapacidad para cumplir ese objetivo, y entonces recibió la respuesta divina: «Ve con la fuerza que tienes [...] Yo soy quien te envía» (Jueces 6:14). Esta expresión resumía de dónde recibiría Gedeón el poder para ganar la batalla: del mismo Dios.

Hoy, mirando hacia atrás, veo cómo su mano amorosa me cuidó, protegió y rescató. No hay palabras que expresen mi gratitud por todo lo que hizo en mi vida.

Dios me dio mucho más de lo que le pedí, mucho más de lo que creía necesitar en mi vida. Debemos confiar en él, sabiendo sin dudar que este Padre prepara lo mejor para sus hijos. Hoy eso es una realidad en mi vida.

Algunas veces pensaba quién y cómo sería el compañero que Dios tenía reservado para mi vida, y también de qué forma lo conocería. Las mujeres soñamos con el famoso hombre ideal o el príncipe azul, y hasta fantaseamos con que vendrá a buscarnos, golpeará la puerta de nuestra casa, y mágicamente con un flechazo al corazón nos conquistará. Y así cada una continúa la novela en su mente como más le gusta y de acuerdo a sus sueños. Pues bien, Dios dispuso todo en mi vida de tal manera que a aquel príncipe azul que yo veía un poco desdibujado por todo lo vivido, le dio nueva forma. Tal como alguna vez había fantaseado de chica, así sucedió. Mi príncipe soñado tocó a la puerta de mi casa literalmente y flechó mi corazón. Él es el regalo más lindo que Dios podía haberme hecho, el mejor compañero para mi vida. Juntos estamos construyendo cada día, con la confianza puesta en Dios, un hogar en el cual somos y nos sentimos felices. Cada día oramos y descansamos dejando nuestro amor, matrimonio, planes y proyectos en las manos del Señor. No hay mejor lugar donde dejar las cosas más importantes. Dios hace todo perfecto, y me dio mucho más de lo que imaginé. Él reconstruyó mi autoestima, mi vulnerabilidad afectiva, mi desconfianza, desvaneció mis temores e hizo nuevas todas las cosas. Grandes son las maravillas de Dios, y nuevas cada mañana. Siento y afirmo que en realidad soy una sobreviviente que gracias a Dios tiene una vida normal y es completamente feliz.

Disfruto mucho cada encuentro con mi familia nuclear. Somos especiales. Nos juntamos y recordamos los lindos momentos de nuestra infancia, nos gusta reírnos de nosotros mismos, nos amamos y compartimos la vida que cada uno logró construir gracias a Dios.

Resultó sanador poder hablar muchas veces con mi madre del tema. Su testimonio, fortaleza y oraciones a mi favor fueron muy importantes, brindándome gran sostén y un norte para mi vida. También fue sanador poder ya de grande hablar con mi padre sobre lo que había ocurrido, acerca de cómo había vivido desde mi posición de hija la situación de ellos.

Tengo una buena relación con mis dos padres, a quienes amo mucho. Agradezco a Dios por ellos, a pesar de todo lo que vivimos. Claro que de haber podido elegir mi vida hubiera sido muy diferente, con mis dos padres permaneciendo juntos. Aun así, ambos, de distintas maneras, con mayor y menor grado de compromiso y cotidianidad, estuvieron cerca de mí.

Vivir esta experiencia dolorosa, entre otras cosas, me permitió crecer de un modo diferente, y por lo tanto comprender, entender y acompañar a quienes pasan por las mismas circunstancias de crisis familiar.

Hoy, dar testimonio a través de estas palabras es también de mucha bendición, y espero que al leer mi historia los líderes de jóvenes puedan comprender y dimensionar un poco la problemática que abarca el tema, para que por medio de un mayor entendimiento sean de bendición en la vida de aquellos que los escuchan, ayudándolos en el desarrollo de sus propios recursos a fin de enfrentar la situación familiar, pero sobre todo fortaleciéndolos y equipándolos con todos los recursos espirituales que Dios ofrece. Es importante que quienes estén pasando por este tiempo de crisis puedan entender que no hay mejor lugar donde estar que junto a Dios, que nos sostiene con su amor, nos sana con su poder, y por su gracia bendice nuestra vida de manera única. Dios muestra su poder en nuestras debilidades, en aquellas que se generan en las situaciones dolorosas, y no solo se especializa en trabajar con ellas, sino que hace nuevas todas las cosas. Dios restaura nuestra vida.

POSIBLES CONSECUENCIAS PSICOSOCIALES QUE DIOS SANA EN SU GRACIA

Temor. Una profunda sensación de pérdida y un estado generalizado de tristeza.

Preocupación por el bienestar de los padres. Se extraña al padre que se ha ido y surge un sentimiento de ansiedad por no volver a verlo, existiendo una mayor vulnerabilidad frente a la sensación de pérdida.

Rechazo. Sin importar la edad en la que suceda, los hijos se sienten rechazados.

Impotencia. La incapacidad para influir en un acontecimiento que es tan importante en la vida.

Soledad. Las figuras de apoyo con las que se contaba están sufriendo un gran golpe, de modo que parecieran desaparecer como tales.

Distracción. Hay mayor dificultad para concentrarse y ocuparse de la escuela y otras responsabilidades.

Sensación de falta de valor. La opinión no parece contar, y el entorno cambia demasiado.

Dificultades sociales. Si la relación de los padres no es estable, puede parecer que todas las demás tampoco lo serán.

Incertidumbre con respecto al futuro. En la etapa de búsqueda de una relación de pareja se renuevan los sentimientos y recuerdos vinculados al divorcio.

CAPÍTULO 05

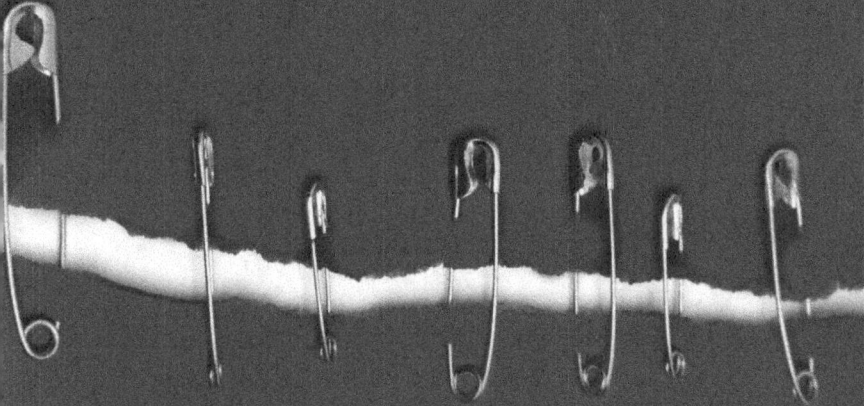

DIEZ CONSEJOS IMPORTANTES PARA LÍDERES

[ESCRIBE ESTEBAN]

El divorcio nunca es fácil para los hijos, pero existen muchas formas en que los líderes podemos ayudar a disminuir el impacto de esta situación. Aquí te ofrezco unas cuantas ideas:

1. NUNCA DESACREDITES A LOS PADRES

Aunque no estés de acuerdo con lo que ellos están haciendo, busca la manera de ayudar al adolescente a pensar de forma diferente que sus padres, pero sin desacreditarlos.

A pesar de que el joven esté muy enojado, molesto o herido con su familia, siempre se sentirán parte de ella, por lo que la crítica directa a las figuras de sus padres puede dañar su autoestima. Sin embargo, por otro lado, debemos ayudar al adolescente a construir un pensamiento autónomo y saludable con respecto a sí mismo, la crianza y la educación de los hijos, de modo que debes tener mucho cuidado con tus consejos. Enseña a pensar diferente, pero no te sumes a las críticas del adolescente hacia su padre o madre, más bien ayuda a construir un pensamiento autónomo con relación a la conducta sin censurar a la persona.

2. AYUDA AL ADOLESCENTE A ABANDONAR EL ROL DE MENSAJERO ENTRE AMBOS PADRES

Frases como: «Dile a tu papá/mamá tal cosa», «Adviértele a tu papá/mamá que no se le ocurra venir a tal lugar», «Pregúntale a tu papá/mamá qué piensa de esto», y otras parecidas, le asignan al hijo el rol de mediador y mensajero, lo cual no es nada saludable para la edificación de su personalidad y mucho menos para la resolución de su adolescencia. Como se ha dicho en otros capítulos, la adolescencia del hijo es *su* época de inmadurez, no el tiempo de la inmadurez de los padres. El hijo no debe resolver los problemas de sus progenitores, bastante tiene con los suyos propios, sin mencionar que es muy probable que no cuente con la ayuda de sus padres, ya que ellos están tratando de solucionar sus propios conflictos.

3. HAZLE ENTENDER AL ADOLESCENTE QUE NO TUVO NINGUNA RESPONSABILIDAD EN LA SEPARACIÓN

No hubo nada que el joven pudiera *decir*, *hacer* o *no decir* que haya traído como consecuencia el divorcio de dos personas adultas. No existen enojos, peleas, caprichos, molestias o desobediencias (por más terribles que sean) que puedan traer como consecuencia un divorcio.

En algunas ocasiones el padre o la madre debido a su inmadurez le achacan la responsabilidad con relación al divorcio a la conducta de los hijos, diciéndoles cosas como: «Si te portas así, papá nunca va a regresar» o «Si no le dices que está mal lo que hace, nunca va a cambiar». Este tipo de mensajes, conscientes o no, generan en el adolescente el sentimiento destructivo de que ellos son responsables de decisiones que solo le competen a los padres, y aunque sea evidente para todos que ese pensamiento no es lógico, suele costar muchísimo revertirlo. Ayúdalo a entender que no tiene ninguna responsabilidad, que el «amor maduro» es más fuerte que cualquier mal comportamiento, desobediencia o error.

4. AYUDA AL ADOLESCENTE A QUE VEA CON FRECUENCIA A SU PADRE/MADRE NO CONVIVIENTE

Aunque el progenitor que vive con el hijo no aliente esa acción (obviamente teniendo en cuenta que el otro sea una persona saludable) es sano e importante que los hijos mantengan relación con ambos padres, a pesar de que uno de ellos se haya ido de la casa. Muchas veces sucede que se asocia, por influencia de alguno de los padres, el abandono del hogar (la separación de la pareja) con el abandono de los hijos. Esto no debe ser así, la ruptura se dio en el vínculo matrimonial, no en la relación parental. Es muy probable que el hijo sienta que fue a él a quien abandonaron, así que debemos ayudar a que la relación saludable entre padres e hijos se sostenga a pesar del divorcio.

5. AYUDA AL ADOLESCENTE A VIVIR ESTA ETAPA EN LIBERTAD

Como dijimos en otro capítulo, no hay adolescencia sin irresponsabilidades, desorientación, temores, cambios... en definitiva, sin *crisis*. Justamente, la palabra adolescente deriva del término en latín *adolescere*, que conlleva el sentido de crecimiento, cosas por completar, construcción y caos.

Teniendo como base el principio de la autoconservación, toda situación caótica puede darse dentro de un sistema capaz de abarcarla y contenerla. Por lo tanto, es muy característico que en hogares donde un joven no encuentra seguridad, límites ni control, postergue su etapa de la adolescencia hasta que encuentre ese espacio seguro. Esto muchas veces se da en la edad adulta, y es así que vemos hombres y mujeres de más de treinta años viviendo su adolescencia no resuelta. De este modo, si en el ámbito del grupo juvenil podemos brindar ese espacio de contención, seguridad y límites, veremos adolescentes «terribles», pero definitivamente viviendo la adolescencia de una forma saludable.

6. AYUDA AL ADOLESCENTE A REDEFINIR LA FIGURA DE DIOS COMO PADRE.

En su libro *El corazón paternal de Dios*, Floyd McClung afirma que Dios nos diseñó para que comenzáramos nuestra vida como bebés, totalmente dependientes de otros y vulnerables por completo; teniendo la familia la más grande responsabilidad de ejemplificar el amor de Dios a través de sus actos, con el fin de que cada niño reciba a través de los padres comprensión, amor y aceptación; sabiendo que, criados en este ambiente de amor y seguridad, los niños podrían desarrollar una correcta autoestima, un sano valor de su vida, verse a sí mismos como deseados, importantes y valiosos, y tener un saludable concepto de Dios como padre.

Muchos de los impedimentos que tenemos para ver a Dios como un padre amoroso, fiel, justo, dulce, firme y siempre presente son resultado de las heridas emocionales producidas en aquellos hogares que no cumplen con este ideal. Estas heridas dan como resultado lesiones que hacen casi imposible confiar por completo en Dios como Padre. Tales experiencias negativas de la niñez son muy profundas y por lo general actúan de un modo inconsciente, impidiendo que nos entreguemos libremente a los brazos amorosos y protectores de Dios Padre. Muchos adolescentes experimentan un bloqueo emocional o mental al intentar llamarle Padre a Dios, ya que lo asocian de inmediato con su padre terrenal y todas las vivencias de su niñez se agolpan en sus mentes, limitando y distorsionando toda la hermosura de la paternidad de Dios.

En mi propio proceso de sanidad y a mis diecinueve años, Dios restauró cinco conceptos que me permitieron verlo como mi Padre, sobre los cuales me gustaría comentarte a fin de que puedas usar estas ideas para ayudar a tus adolescentes en estas áreas:

Restauró el concepto de *presencia* versus *soledad*. Dios restauró mis imágenes y sensaciones de soledad al necesitar a un padre que me ayudara a ordenar mis pensamientos y emociones luego de vivir situaciones de violencia, peleas o profundas discusiones. Dios me mostró que, aunque en ese momento no era consciente de su presencia y cuidado sobre mí, siempre estuvo cerca como un Padre amoroso, cuidándome, escuchando mis penas y guiándome a una solución.

Dios restauró el concepto de *aceptación incondicional* versus *tener que ser de una forma específica para sentirme aceptado*. ¡Cuando descubrí que Dios me amaba y aceptaba tal cual era, sin más ni menos, fue increíble la libertad que encontré! Todas las vivencias de mi niñez reforzaban el concepto de que debía ser de alguna forma o decir alguna cosa para agradar a mis padres y ser aceptado en el grupo, y que si no era de esa forma, Dios estaba triste o se ofendía. Aunque parezca ridículo leerlo ahora, este sentimiento me acompañó mucho tiempo de mi vida. De modo que fue genial aferrarme a la verdad de que por el solo hecho de ser yo mismo, Dios me amaba. Y él no esperaba nada más de mí para seguir amándome. El hecho de que me comprometiera a ser mejor amigo, padre, trabajador o estudiante no modificaba el monto de su amor, bendición y cuidado sobre mí. Todas estas cosas me harían mejor, pero no modificaban lo que él sentía con respecto a mi persona. Su amor se resume en una sola palabra: *incondicional*. Esto es simplemente genial.

Restauró el concepto de *autoridad* versus *autoritarismo*. Debido a la falta de una figura de autoridad en casa (mamá en todo momento trató de hacerse obedecer, pero siempre fue «mamá» y la disfrute así) crecí con un concepto distorsionado de la autoridad, yéndome del extremo del sin límites al extremo del autoritarismo. Descubrir a Dios y su concepto amoroso, firme y claro de la autoridad, trajo mucha seguridad emocional a mi vida.

Restauró el concepto de *confianza* versus *miedo a la pérdida o el abandono*. Todas mis relaciones (amistades, noviazgos, etc.) previas a la sanidad de Dios a mis diecinueve años estaban teñidas de un halo de miedo a la pérdida e inseguridad, lo que me hacía ser muy celoso, inseguro y demasiado posesivo. No establecía relaciones llenas de libertad y confianza. Siempre estaba atento a los tejemanejes y a detectar cualquier indicio de pérdida. Haberme dejado alcanzar por la sanidad de Dios me llevó a edificar nuevas relaciones basadas en la confianza y la libertad. La sanidad de Dios resultó hermosa.

7. AYUDA AL ADOLESCENTE A NO SER EL CONSEJERO DE SU PADRE O MADRE.

Si el padre/madre siente que no puede asumir el trance de la separación con calma y responsabilidad, debe pedirle asesoramiento terapéutico a quien corresponde y no usar a su hijo adolescente como psicólogo, consejero o amigo adulto, negándole la única oportunidad en la vida de ser un poco más irresponsable de lo común.

El hijo no es el consejero de sus padres. El rol del hijo (con padres divorciados o no) es ser *hijo* y el rol del padre (divorciado o no) es ser *padre*. Un padre cariñoso, buena onda, cordial y respetuoso... pero padre al fin.

8. AYUDA AL ADOLESCENTE A ENTENDER QUE NO ES EL PROVEEDOR DE LA FAMILIA.

El adolescente puede trabajar para ayudar en la economía del hogar, pero no es el responsable del sostén de la casa o de su mamá. Entiendo que puede haber algunas excepciones en las que por la suma de muchas situaciones (enfermedades, muertes, quiebras, etc.) el adolescente asume ese rol, pero debería ser de forma *temporal*, buscando que los padres vuelvan a ser responsables de pasarle a la madre la manutención de los hijos de forma mensual y sin interrupciones. Digo esto porque en muchas ocasiones he visto cómo un adolescente queda atrapado en el juego psicológico de los padres para hacerle daño a su ex pareja, siendo el hijo el más perjudicado, ya que además de tener que enfrentar una situación familiar compleja, deberá soportar faltas materiales, lo cual puede tener un efecto permanente por el resto de su vida.

9. ASUME UN ROL DE EJEMPLO Y LIDERAZGO.

En mi propio proceso de elaboración del divorcio de mis padres, el rol de los líderes de jóvenes de la iglesia fue fundamental. Encontré en ellos consejos, límites, cuidados y el amor que el divorcio no me permitió recibir. Aunque mi madre siempre fue un ejemplo de amor, constancia, fidelidad e inteligencia, estar inmerso en el «caos» del divorcio alejó cualquier posibilidad de percibir ese ejemplo en mi vida. Sé que como líderes de adolescentes siempre tenemos la responsabilidad de ser ejemplo, pero en el caso de los hijos de padres separados es mucho más evidente la necesidad de un nuevo modelo al que imitar.

Quizás este sea tu mayor y más importante aporte a esa vida: sé alguien cuyos pasos quieran seguir. Alguien que los ayude a redefinir la figura de Dios como un Padre amoroso, presente y fiel.

10. DENTRO DE LO POSIBLE, AYUDA A QUE NO HAYA DEMASIADOS CAMBIOS EN LA VIDA DEL ADOLESCENTE.

Si además de soportar la separación debe cambiar de residencia y escuela, tardará mucho más en superar el trauma del divorcio de sus padres. Si está a tu alcance aconsejar a los padres, creo que este sería un buen aporte. En lo referente al grupo juvenil y tu tarea, procura no traer a la vida del adolescente mayor inestabilidad o pérdidas de las que ya está viviendo. Trata de conservar el mismo grupo de pertenencia y apoyarlo para que siga con cierta rutina de actividades, evitando suspenderlas.

PASOS PRÁCTICOS PARA SER EL MEJOR CONSEJERO DE HIJOS DE PADRES DIVORCIADOS

1. Esfuérzate para que el adolescente perciba que en ti puede encontrar una contención y apoyo incondicional.

2. Ejercítate en escuchar y entender las palabras del adolescente, de tal manera que puedas identificar cuales son sus sentimientos y pensamientos.

3. Trata de reconocer cuáles son los puntos fuertes y débiles del carácter del adolescente.

4. Estimula sus fortalezas y consuela sus debilidades con tus palabras y actitudes.

5. Presta atención a su grupo de amistades, procura que ellos puedan ser también de apoyo, contención y sostén espiritual.

6. Explícale que los sentimientos de tristeza, soledad, abandono e inseguridad son esperables en este tiempo. Si ves que estos son muy profundos, a tal punto que condicionan el curso diario de su vida, sugiérele que busque ayuda profesional.

7. Ora por tu adolescente y con él.

8. Procura que ocupe su tiempo y energía en las cosas de Dios. Alienta sus dones.

9. Si es necesario, habla con sus padres con el propósito de que ellos tengan una clara comprensión de cómo está viviendo su hijo durante este tiempo.

10. Refuerza sus recursos espirituales, de modo que pueda encontrar la paz y el amor que tanto necesita en los brazos del mejor Padre.

CAPÍTULO 06

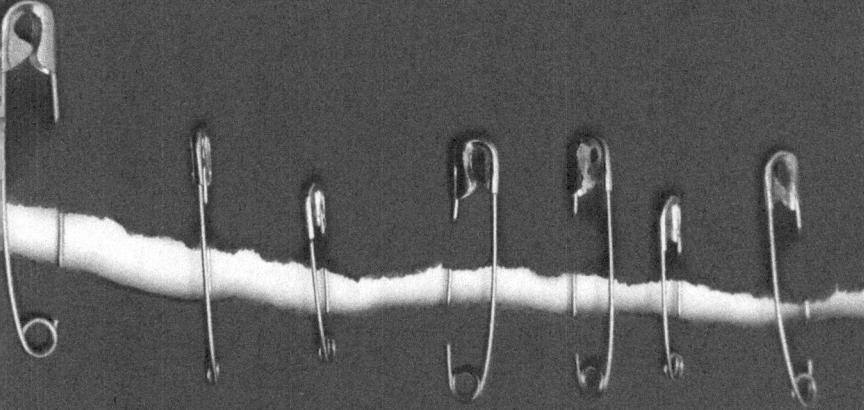

EL SENTIMIENTO DE UNA ESPOSA Y MADRE FRENTE A LA RUPTURA

[ESCRIBE MABEL]

EL SENTIMIENTO DE UNA ESPOSA Y MADRE FRENTE A LA RUPTURA

Las causas que llevan a la disolución del vínculo matrimonial son diversas. Cada pareja de cónyuges tiene las propias, pero lo cierto es que nadie se casa pensando en separarse, sino que el propósito es vivir juntos para siempre. El divorcio no está en la mente de los que se prometen amarse toda la vida y que solo la muerte podrá separarlos. Nadie nos prepara para afrontar el hecho traumático de la separación. El divorcio constituye una de las experiencias más dolorosas y estresantes del ser humano, solo superado según la escala de las experiencias traumáticas por la muerte del ser querido. La separación matrimonial produce una herida emocional que lleva tiempo cicatrizar, a veces años. Y nunca imaginé que esto me podría suceder a mí, una defensora a ultranza de la familia

Además, el dolor es mucho mayor cuando la separación no ocurre de común acuerdo entre ambos cónyuges, de modo que uno de ellos queda emocionalmente bloqueado ante la decisión del otro de terminar con el vínculo. El matrimonio es un contrato establecido entre dos personas, así que basta que una de las dos partes desista para que la unión se rompa. Y es mucho más difícil todavía reponerse del dolor cuando la motivación del que se aleja es la existencia de una relación extramatrimonial.

La herida emocional se extiende a toda la familia. Como ya se ha mencionado antes en este libro, cada uno de sus integrantes debe vivir su propio duelo, cada uno de los que lo sufren cree que el suyo es el dolor más grande. Por lo general, los hijos resultan los más perjudicados frente a la ruptura conyugal de sus padres, sobre todo los más pequeños. Son vulnerables frente a la separación y no están aún provistos de recursos emocionales que neutralicen la inseguridad afectiva que se produce en ellos. Se sienten indefensos ante esta situación.

La mayor parte de las veces es el padre el que abandona el hogar, aunque actualmente se está incrementando el número de mujeres que toman la iniciativa. Con todo, por lo general es la madre la que queda al cuidado de los hijos. ¿Cuáles son los sentimientos de esa mujer? Ella tiene la enorme responsabilidad de seguir formando a sus hijos sin la compañía ni el apoyo emocional de la persona con la que llevaba a cabo esa tarea. El primer sentimiento doloroso que se presenta es la desprotección: «¿Qué será de mí y de mis hijos?». Esta pregunta es más acuciante si los niños son de corta edad. «¿Podré lograrlo yo sola?». «¿Cómo puedo ayudar a mis hijos frente al dolor por la ausencia de su padre?». Los hijos ven que el padre ya no vive en casa. Ya no pueden disfrutar de su compañía una vez que regrese del trabajo, y deben acostumbrarse a verlo solo cuando el acuerdo entre sus padres lo determine. En mi caso, a pesar de representar un gran dolor para mí, decidí que con el fin de hacerle a mis hijos menos traumático el hecho ellos vieran a su padre todas las veces que quisieran, sin ponerle ninguna restricción para entrar al hogar. No sé exactamente si fue lo mejor, solo sé que todo lo que concedí fue motivada por ese sentimiento.

Desde el inicio de mi vida profesional hace cincuenta años, me dediqué a la atención del adolescente y obviamente de su familia, por lo tanto, la prioridad era para mí comprenderlos y contenerlos. Sin embargo, cuando uno atraviesa una experiencia tan traumática como la separación matrimonial, todo lo que aprendió y sostuvo se enfrenta con una realidad que lo supera, de manera que es posible que se cometan errores. Como tantas veces les digo a mis pacientes, los padres, aun con la mejor intención para nuestros hijos, podemos equivocarnos. No hay padres perfectos, aunque todo padre y madre debe procurar y desear cumplir cabalmente su función. Lo importante es reconocer los errores que sin querer se cometieron y demostrarles a nuestros hijos el amor que nos ha motivado, a pesar de los desaciertos. El verdadero amor conlleva un mensaje sin contradicción, que es bien interpretado por los hijos en momentos tempranos o más tardíos de su vida.

EL SENTIMIENTO DE UNA ESPOSA Y MADRE FRENTE A LA RUPTURA

Esta situación tan dolorosa de la separación representa una movida muy grande del tablero. Se trata de una situación desestabilizadora para toda la familia, comenzando por la esposa, quien debido a su desamparo no está en las mejores condiciones de darles a los hijos toda la contención que necesitan, aunque sea su mayor deseo. Todas las piezas de este partido caen, perdiendo su lugar, precisándose tiempo para levantarlas y que vuelvan a encontrar su sitio de identidad. Como dijimos, la seguridad afectiva se ve dañada en todos los miembros de la familia, ya que la misma está basada esencialmente en la unión amorosa entre los padres.

Junto con la ruptura matrimonial se rompen muchas cosas. Se ve interrumpido el proyecto más importante que ambos padres tienen al formar una familia, vivir juntos, satisfacer las necesidades mutuas y dedicarse con amor a criar y formar a sus hijos, llegando a la vejez juntos. La frustración que resulta de la ruptura de tal proyecto solo la pueden entender cabalmente aquellas personas que la han vivido. Todos los planes de vida en común quedan deshechos. Los sueños acerca del futuro. Hay que aprender a vivir una nueva situación no deseada, no pensada. Me gusta mucho la comparación que hace la destacada psicóloga Esly Carvalho, a quien aprecio mucho, acerca de la experiencia de la separación. Ella expresa: «Personalmente, creo que la separación es como un aborto, ya sea este natural o terapéutico, pues interrumpe el proceso natural de la vida familiar».[1]

Permíteme hacer un comentario personal. Yo formé parte de un hogar cuyos padres se amaban y respetaban mutuamente, y que se entregaron a sus hijos de una forma incondicional. Por lo tanto, no estaba emocionalmente preparada para esta cruda realidad que la situación me impuso. Tampoco había a mi alrededor matrimonios cristianos viviendo esta experiencia que me sirvieran de referencia. En aquel entonces, los casos de divorcio eran

---

[1] Esly Carvalho, *Cuando se rompe el vínculo*, Editorial Kairos, 2001.

aislados, y se tenía muy poco conocimiento en cuanto al proceso. Por desdicha, hoy esta situación es cada vez más frecuente entre cristianos, siendo un mal muy extendido en la sociedad actual. Hace poco escuché una información periodística que da cuenta del alto índice de las separaciones matrimoniales que se producen en la ciudad de Buenos Aires, un porcentaje llamativamente elevado en uniones que llevan más de diez años de convivencia. He aquí uno de los males del postmodernismo.

Entre las cosas que se pierden está también el apellido conyugal de la mujer. En mi caso, seguir usando el apellido de casada fue una decisión que se tomó de común acuerdo, motivada por el hecho de que me conocían profesionalmente por ese apellido en las diferentes áreas que mi tarea abarcaba, de modo que hubiera sido más difícil si después de dieciocho años de ejercicio profesional cambiaba el nombre que respaldaba esa trayectoria. Por otra parte, como no pensaba en volver a casarme, el mismo no se vería expuesto a una futura modificación.

Como he mencionado antes, mi mayor dolor en medio de esta situación estaba centrado en el sufrimiento que les ocasionaba a mis hijos. Recuerdo que cuando veía la tristeza asomarse a sus ojitos, mi movilización emotiva era muy grande, y hubiera dado hasta lo que no tenía por evitarles ese sentimiento.

CUANDO LA MADRE DEBE SALIR A TRABAJAR FUERA DE CASA

Con frecuencia, frente a la ruptura matrimonial, la madre debe salir a trabajar fuera del hogar, quedando sus hijos durante las horas de su ausencia al cuidado de diferentes personas: abuelos, tíos o empleadas domésticas. Esto causa ansiedad y culpa en muchas madres, y lo he visto también en mujeres profesionales, que sufren el característico dilema causado entre el ejercicio de su profesión y la tarea de cuidar del hogar y criar a sus hijos.

El proceso del duelo lleva su tiempo y pasa por diferentes etapas, muchas veces complejas y difíciles. Se trata de un proceso que no es lineal, es decir, sus etapas no siguen un camino recto, sino se alternan. Con todo, se pueden distinguir diferentes momentos en la evolución del dolor. No es posible generalizar acerca del tiempo de duración de cada una de las etapas del proceso doloroso, ya que tiene mucho que ver con la estructura de personalidad del aquel que lo vivencia. A veces ese tiempo se prolonga mucho más de lo imaginado.

Como hemos dicho, frente a la ruptura, cada matrimonio tiene su propio modo de abordar la crisis, pero hay un hecho indiscutible: los dos deben procesar su propio duelo, incluso aquel que terminó voluntariamente el vínculo.

En la *primera etapa* del proceso doloroso impera la confusión, el aturdimiento, la conmoción que bloquea al que lo experimenta, y será mayor en el cónyuge que nunca pensó romper la relación. Se trata de un sentimiento paralizante que motiva ciertos pensamientos: ¿Cómo es posible que me suceda esto? ¿Qué hice para que tal cosa me ocurriera a mí? *Esta situación seguramente pasará, estoy viviendo una pesadilla.* La mente y las emociones se desconectan de la realidad, se vive como si un sismo hubiera derrumbado la casa.

En algunos hogares, frente al problema del divorcio, se realiza una rápida reconstrucción, como si ahí «no hubiera pasado nada demasiado grave», reestructurándose las cosas con facilidad. Creo que esta acelerada acomodación, en la que no se vivió o no se les permitió vivir a todos los integrantes del grupo familiar el proceso normal de duelo, seguramente se cobrará en el futuro un precio alto por ese impedimento.

Ciertamente, la ruptura de la unión matrimonial no se produce de un día para el otro. Con seguridad hubo señales de peligro en la relación afectiva. Señales que no siempre son habladas y que no siempre son vistas por el otro, y que incluso en ocasiones no se *quieren* ver para no sufrir. No hay nada mejor en una relación matrimonial que intentar el dialogo sincero, franco y a corazón abierto frente a los indicadores de peligro, sin dejar ninguna duda de lo que les está pasando a los cónyuges. Resulta muy acertado el consejo del apóstol Pablo: «No dejen que el sol se ponga estando aún enojados, ni den cabida al diablo» (Efesios 4:26-27). En esta búsqueda de sinceridad hay una presencia que no puede eludirse y a la que es necesario invocar: la presencia de Dios.

Luego del sentimiento de estupor y parálisis que se da en la primera etapa del duelo, sigue otro período que constituye la *segunda etapa*, la más larga y dolorosa: el tiempo de la profundización del dolor.

Durante el mismo la realidad golpea más fuerte. Ante las evidencias, la esperanza de una reconciliación se hace cada vez más lejana, a la vez que se van presentando nuevos problemas y diferentes facetas que pueden tener un inusitado alcance.
En este tiempo la autoestima del que sufre se ve fuertemente dañada. Ha fracasado en uno de los principales proyectos de la vida. Sentir el rechazo de la persona que se ama o con la que se vivió largos años de matrimonio y también de noviazgo, con quien se compartieron tantas experiencias buenas y no tan buenas, con quien se vivió la inmensa alegría de la llegada de los hijos, en nuestro caso luego de muchos años esperado, lleva implícito un sentimiento de fracaso y frustración.

Cuán ciertas resultan las palabras del salmista: «Porque no me afrentó un enemigo, lo cual habría soportado; ni se alzó contra mí el que me aborrecía, porque me hubiera ocultado de él; sino tú, hombre, al parecer íntimo mío, mi guía, y mi familiar; que juntos comunicábamos dulcemente los secretos, y andábamos en amistad en la casa de Dios» (Salmo 55:12-14, RVR-60).

EL SENTIMIENTO DE UNA ESPOSA Y MADRE FRENTE A LA RUPTURA

Muchas son las incertidumbres de un padre o una madre cuando se queda solo al frente del hogar. Ellos tienen que aprender que no se puede ser madre y padre a la vez. Por más esfuerzo que realice la madre, no podrá reemplazar la figura del papá. Y viceversa.

Esta segunda etapa del duelo se caracteriza por sentimientos negativos. Se instala la culpa: ¿En qué fallé? ¿Cómo no pude mantener la unidad? ¿Cómo no pude darme cuenta de que podía suceder esto? La culpa y el fracaso son sentimientos que dañan la autoestima.

Muchas veces la culpa se proyecta sobre el otro, al cual se sindica como único responsable de la ruptura, pero se sabe que si bien la decisión de la separación la puede tener uno de los dos integrantes de la pareja, sobre el cual recae la mayor responsabilidad, lo cierto es que los dos han fracasado.
Otro sentimiento que se genera es la vergüenza frente al mundo, ante la sociedad: ¿Qué le diré a los amigos y mis seres queridos? ¿Cómo explicar lo inexplicable? Muchas veces en el corazón del que sufre la ruptura también se forman otros sentimientos destructivos. Uno es la venganza, la puesta en marcha de la ley mosaica: «Ojo por ojo y diente por diente». Además, va naciendo en el corazón «ese sentimiento tan suicida como es el rencor».[2]*

A veces la venganza y el rencor toman una forma sutil y en el pensamiento de algunas mujeres u hombres que sufren nace el deseo de imitar a la persona que les causó el dolor, diciéndose: «Le voy a pagar de la misma manera y a demostrarle que yo también puedo optar por una nueva vida». Y así se busca una solución rápida para la soledad, encontrando a una nueva persona a la que amar y con la cual sentirse amado, junto a la cual el deseo de sentirse

---

[2] Dewey Bertolini, *Cómo ganar la batalla contra el rencor*, Ediciones Las Américas, 2000.

protegido se pueda ver cumplido. El apresuramiento no siempre trae el efecto deseado y además se corre el peligro de que no se haga una decisión acertada, complicándose más la situación del que sufre.

En ocasiones el odio y el rencor asoman con una crueldad impensada; otras veces nace una fría indiferencia, la cual duele mucho más que el rechazo más atroz. El revés del amor no es el odio, sino la cruel indiferencia, y llevará tiempo elaborar la pérdida de ese sentimiento de intimidad, tanto como llevó forjarlo. La ira y el rencor son sentimiento autodestructivos, de modo que el que más se daña es aquel que los experimenta.

A lo largo de mis muchos años de trabajo como psicoterapeuta, y ante situaciones de crisis matrimoniales que llevan a la separación o al divorcio, he sido testigo de esos sentimientos que representan una feroz guerra mutua: rechazo, rencor, resentimiento, los cuales terminan llevando ante la justicia a fin de legalizar una ruptura tan conflictiva, que deja el alma desgarrada. El apóstol Pablo nos advirtió sobre las consecuencias negativas de estos sentimientos que destruyen todo lo bueno que puede albergar el ser humano: «Si siguen mordiéndose y devorándose, tengan cuidado, no sea que acaben por destruirse unos a otros» (Gálatas 5:15).

Experimentar el rechazo, el odio o la indiferencia de la persona que se ha amado y con la que se ha compartido la vida es sentir un dolor como el que expresara una persona sufriente: «Camino por la vida con una espada clavada en la espalda cuya herida sangra, pero debo seguir andando». Esto nos recuerda el aguijón en la carne que soportara el apóstol Pablo.

Algo muy doloroso también es escuchar las expresiones sobre los padres dirigidas a los hijos a partir de la separación. Ya no se hace referencia a ellos como «mamá» o «papá», ahora son «tu madre» o «tu padre», haciendo evidente para los chicos la enorme distancia que separa a la pareja. Algo realmente cruel.

El temor al fracaso se extiende a todas las áreas de la vida. Nos preguntamos: ¿Podré desempeñarme bien en todo lo que realizo? ¿Seré capaz de seguir trabajando con eficiencia? Con el tiempo veremos además que el sufrimiento nos capacita para comprender mejor a los que sufren. Esa fue también mi experiencia. Muchas veces había atendido situaciones de crisis matrimoniales, pero como estaba lejos de vivirlas, me resultaban comprensibles únicamente hasta cierto punto, pues solo el conocimiento teórico me servía como referente. No obstante, una vez que experimenté el sufrimiento matrimonial y volví a encontrarme con mujeres que relataban su dolor diciéndome: «No sé si usted puede llegar a entender lo que siento por dentro, porque seguramente no lo ha vivido», mientras guardaba silencio como respuesta, mentalmente pude decirme: «Te entiendo perfectamente, sé lo que sientes, porque yo también lo he vivido». No hay nada más contundente para la comprensión del dolor ajeno que la propia experiencia, sea cual fuere su índole.

Dijimos que junto a la ruptura del vínculo matrimonial se producen otras pérdidas, por ejemplo, la de los amigos en común. A veces ellos, por no dañar a ninguna de las dos partes, pues son personas a las que quieren, optan por el distanciamiento. Ese es otro dolor añadido. Y una pérdida adicional relacionada a esta es la de la pertenencia: *¿Dónde me ubico con este nuevo estado civil?* Son pocos los espacios que la sociedad les brinda a los divorciados. Esta dificultad se les presenta también a los que son miembros de la iglesia. Si una persona está separada, ¿en qué grupo se incluye? ¿En el grupo de los solteros? No. ¿En el de la tercera edad? No, aún no he llegado a ese período de la vida. ¿Con las personas solas que buscan compañía? No todos la desean.

En mi caso, por pura decisión personal, me propuse desde el primer momento que sufrí la ruptura no volver a casarme. A pesar de ser todavía joven y con hijos pequeños, tuve muy clara la convicción de no hacerlo en mi mente y corazón. Quiero aclarar que no se trata de que no apruebe el nuevo casamiento de aquellas personas que fueron damnificadas por el abandono de su cónyuge, pues no es fácil vivir solo. Por esa razón, en muchos casos en los que se me consultó, aprobé que se hiciera. Sin embargo, no lo decidí así para mi vida, y creo que fue por dos motivos principales: por un lado, no recibí la clara dirección de Dios de que esa era su voluntad, y no deseaba hacer nada que me albergara dudas en cuanto a su aprobación. En realidad, sin solicitarlo, hubo muchos estudiosos bíblicos y teólogos que me hicieron saber su postura frente a un caso como el mío, la cual era favorable a un segundo casamiento, pero eso no estuvo en mis planes en ningún momento. En segundo lugar, y eso también pesaba muchísimo en mi vida, mi deseo era proteger a mi hijos y pensaba que podía lastimarlos y confundirlos aun más al presentarles a una nueva figura paterna. Ellos habían gozado de un padre que les había brindado mucho amor, y deseaba que esa figura perdurara.

Le agradezco a Dios por motivar en mí desde el primer momento de dolor la decisión y el deseo profundo de poner mi vida y la de mis hijos en sus manos. Al mirar atrás y ver el recorrido de nuestras vidas, siento que Dios aprobó esa resolución tomada en mi profunda tristeza y soledad. A lo largo de los años pude comprobar que la respuesta que Dios le diera al apóstol Pablo: «Mi poder se perfecciona en la debilidad» (2 Corintios 12:9), se hizo realidad en las vidas de los integrantes de nuestro hogar. Del mismo modo, viví en carne propia la verdad escrita por el profeta Isaías: «El que te hizo es tu esposo» (Isaías 54:5). Frente a los escombros que había dejado la reciente caída, le pedí con toda mi alma al Señor que fuera él quien condujera mi hogar, y pude sentir la promesa que le hiciera a Moisés: «Yo mismo iré contigo y te daré descanso» (Éxodo 33:14). Leía su Palabra buscando su voluntad en todo momento, no era fácil caminar sintiendo el dolor de un amigo, devenido en enemigo.

A esta etapa del duelo, la del dolor más agudo, se suman situaciones experimentadas también con mucho sufrimiento, como todo lo relacionado con los acuerdos sobre el régimen de visitas, las vacaciones (las cuales ya no son más compartidas ni vividas con la misma alegría de otros tiempos), la pensión alimenticia, la división de bienes. Todas estas acciones no se resuelven fácilmente y contribuyen a la desesperanza. Y mientras se llevan a cabo, uno no puede creer lo que está viviendo y va dejando jirones de sí mismo en el camino.

La depresión va ganando terreno en este proceso del dolor y así se entra a la *tercera etapa* del duelo, a la que muchos autores le llaman la de la soledad y la reclusión.

A esta etapa de la elaboración dolorosa se llega a través de todos los sentimientos ambivalentes y autodestructivos que se produjeron en el período anterior, por eso recluirse y aislarse es una forma de protegerse de mayores conflictos. Por supuesto, el grado de depresión que muchas veces se vive en este período de duelo no es el mismo para todos los que lo padecen. Está en juego la estructura de la personalidad de cada uno frente a la frustración. Los recursos humanos para salir del pozo depresivo son personales, pero algunas mujeres llegan a tener la necesidad de recibir atención médica, psicológica y pastoral

Médica: El cuerpo en muchos casos comienza a reflejar el conflicto, siendo muchas las expresiones psicosomáticas, frutos de la angustia y la ansiedad: insomnio, problemas gastrointestinales, dificultades en el aparato respiratorio, falta de concentración, cansancio crónico. Muchas veces se produce un envejecimiento prematuro y enfermedades psicosomáticas, lo que obliga a la persona a deambular de forma recurrente por las diferentes especialidades.

Psicológica: La consulta psicológica está motivada por el desorden de sentimientos y los muchos conflictos que acarrea el hecho traumático vivido, de modo que poder contar con ayuda terapéutica, comprensión y contención resulta muy favorable.

Pastoral: La atención pastoral con frecuencia es necesaria frente al sufrimiento, ya que la fe de algunas personas decae y entran en conflicto espiritual, necesitando de una figura pastoral que las lleve a saciar su sed en la única fuente de agua viva y a reconciliarse con Dios.

EL SENTIMIENTO DE UNA ESPOSA Y MADRE FRENTE A LA RUPTURA

Durante este tercer período del proceso se esfuma la ilusión de una reconciliación y ganan paso una dolorosa resignación y una profunda tristeza, que muchas veces dan lugar a un sentimiento también muy dañino para el que lo experimenta, el de la amargura. Innumerables veces he visto a personas que llevan el dolor de la frustración por largos años, los cuales dejan marcas en su cuerpo y su alma. Se trata de una amargura silenciosa, que solo es evidenciada por los ojos de aquel que está dispuesto a brindar ayuda. La persona ya no habla todo el tiempo como antes sobre el tema, no protesta, no expresa su queja, pero el sabor amargo permanece por dentro y sus raíces se expanden. El apóstol Pablo señaló: «Asegúrense de que nadie deje de alcanzar la gracia de Dios; de que ninguna raíz amarga brote y cause dificultades y corrompa a muchos» (Hebreos 12:15). La amargura es contaminante.

Sin embargo, este tiempo de duelo que se desarrolla a expensas de conflictos expresados en cuerpo, alma y espíritu, un día comienza a ceder. Un día, por la gracia de Dios, la herida deja de sangrar y se aprende a aceptar la situación y a ver la mano del Señor a través del sufrimiento en nuestras vidas. Entonces la noche da paso al día, cuya luz va en aumento, y empieza a experimentarse la verdad bíblica: «Aquello que fue, ya es; y lo que ha de ser, fue ya; y Dios restaura lo que pasó» (Eclesiastés 3:15, RVR-60).

CAPÍTULO 07

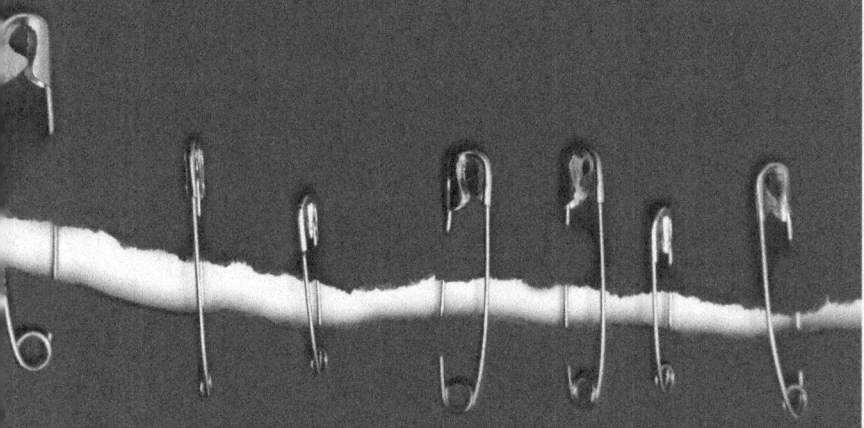

RECONSTRUYENDO LO DERRUMBADO

[ESCRIBE MABEL]

Llegamos así a la última etapa del proceso del duelo, la cual abarca la reconstrucción y la reorganización. Se trata de edificar de nuevo todo lo que se ha derrumbado. El Señor afirma: «¡Voy a hacer algo nuevo! Ya está sucediendo, ¿no se dan cuenta? Estoy abriendo un camino en el desierto, y ríos en lugares desolados» (Isaías 43:19).

La duración de esta etapa no se puede predecir, algunos logran la readaptación rápidamente, mientras que para otros es un camino un poco más largo. No obstante, existe un sentimiento esencial en este período de recuperación: *el perdón*. Vivir la paz del perdón es una experiencia totalmente reparadora, «es la única actitud que trae paz al alma herida».[1]

Perdonar es una palabra que se menciona más de cien veces en las Sagradas Escrituras, pero francamente muchos no comprenden su sentido cabal. Perdonar implica un aprendizaje, ya que es un sentimiento que no nace con uno, sino que hay que aprenderlo, cultivarlo.
Por mucho tiempo pensé que había perdonado y creí que todas mis actitudes demostraban ese sentimiento. Sin embargo, mi hijo Esteban, en ese tiempo adolescente, estaba leyendo un libro que trataba del tema y le había hecho muy bien para su vida, así que me explicó que tenía que perdonar. Me llevó tiempo comprender lo que quería decirme, pues estaba segura de que había dado en todo momento muestras claras de perdón, incluso hasta más allá de mis fuerzas.

Perdonar es un acto de la voluntad cuyo valor radica no solo en demostrarlo, hay que sentirlo de verdad. No debemos pensar

---

[1] Charles Stanley, *La paz del perdón*, Grupo Nelson, 1992.

que el sentimiento de perdón vendrá y se instalará en nuestro corazón, sino que hay que buscarlo. Perdonar es una decisión de la voluntad. Para otorgar el perdón no hay que esperar que el que nos ofendió lo pida. He comprendido que el perdón se realiza independientemente de la voluntad del otro, va más allá de la voluntad del ofensor, es más, puede ser que la persona que nos causó dolor no llegue nunca a tomar conciencia del sufrimiento ocasionado. Con todo, eso no cuenta para el perdón, uno tiene que *decidir* cancelar la deuda.

El ejemplo máximo lo dio el Señor en la cruz. La Biblia afirma que «Dios nos dio vida en unión con Cristo, al perdonarnos todos los pecados y anular la deuda que teníamos pendiente por los requisitos de la ley. Él anuló esa deuda que nos era adversa, clavándola en la cruz» (Colosenses 2:13-14).

¿Quién de nosotros merece el perdón de Dios por sus propios méritos? Nadie. Y resulta necesario tener en cuenta la gravedad de la sentencia: «Si no perdonan a otros sus ofensas, tampoco su Padre les perdonará a ustedes las suyas» (Mateo 6:15). Muchas veces actuamos como el mal siervo, quien habiendo recibido el perdón de su señor con el cual tenía una enorme deuda, no quiso perdonar a su consiervo, cuya deuda con él era ínfima. Ya conocemos el final de la historia, que aparece en Mateo 18:35.

Otro malentendido acerca del significado de perdonar es creer que es sinónimo de olvidar. Esto representa un error de concepto. «Olvídate, borrón y cuenta nueva». Sin embargo, olvidar significa ir contra la capacidad natural de recordar, propia del ser humano. Dios nos dotó de memoria, sin la cual no podríamos realizar ningún aprendizaje, de modo que proponerse olvidar es un contrasentido. Más bien, *hay que proponerse perdonar*. Hay que cancelar la deuda que el ofensor tiene con uno. Hay que quitar el veneno que acompaña al recuerdo, ese que hace que la herida siga sangrando.

Hace unos años un perro mordió a mi hija Florencia en el brazo, calvándole sus filosos dientes en medio de su ataque. La herida se curó, pero quedó la cicatriz, la cual si bien ya no duele, le recuerda el episodio vivido. Lo mismo ocurre cuando emprendemos el camino de la reconstrucción, que solo se logra con el acto del perdón: podemos mirar la cicatriz que dejó la herida y nos recuerda el hecho, pero ya dejó de doler.

Tus heridas solo las puede curar «el que sana todas tus dolencias» (Salmo 103:3). El Señor afirma: «Yo te restauraré y sanaré tus heridas» (Jeremías 30:17). Con esta confianza, me aferré a otras promesas suyas: «No prevalecerá ninguna arma que se forje contra ti» (Isaías 54:17) y «con amor eterno te tendré compasión» (Isaías 54:8). Ya pasaron muchos años de aquel dolor agudo que sentimos mis hijos y yo. Hay ocasiones en que no comprendemos las causas de nuestro sufrimiento, sin embargo, podemos decir que «todas las promesas que ha hecho Dios son "sí" en Cristo. Así que por medio de Cristo respondemos "amén" para la gloria de Dios» (2 Corintios 1:20).

Los tres en distintas circunstancias hemos aprendido la lección del dolor y se nos permitió transitar el último período del duelo, el camino de la recuperación, el cual nos otorgó el gozo que viene de Dios. También nos perdonamos mutuamente cualquier herida que de manera involuntaria nos hubiéramos causado. Durante la niñez de mis hijos temía por los años venideros, aquellos de la compleja época de la adolescencia. Recuerdo que una noche en que como tantas otras me encontraba de rodillas, llorando y clamándole a Dios por el futuro emocional y espiritual de mis hijos, buscando en su Palabra la fuerza que necesitaba, recibí su promesa: «El Señor mismo instruirá a todos tus hijos, y grande será su bienestar» (Isaías 54:13). Y proveniente de ese mismo libro de la Biblia recibí también esta otra: «Mi Espíritu que está sobre ti, y mis palabras que he puesto en tus labios, no se apartarán más de ti, ni de tus hijos ni de sus descendientes, desde ahora y para siempre» (Isaías 59:21). Le expresamos nuestro profundo agradecimiento a Dios porque esa promesa dada hace tantos años se ha cumplido en nuestras vidas. Su fidelidad es incondicional.

A pesar de que nunca hubiera deseado pasar por el dolor de la separación matrimonial, hoy puedo ver que a través de este proceso fui capaz de aprender lecciones muy valiosas para mi vida.

Aquí destaco algunas:

Tomé conciencia de que no podemos evitar sufrir en esta vida.

El mismo Señor expresó: «En este mundo afrontarán aflicciones, pero ¡anímense! Yo he vencido al mundo» (Juan 16:36). Aunque en esta vida enfrentemos sufrimientos, Dios al final transformará nuestro dolor en bendición.

Aprendí a aceptar el sufrimiento.

¿Qué significa *aceptar*? El Dr. Paul Tournier lo explica magníficamente: «Aceptar no es complacerse con el sufrimiento, ni soportarlo con fatalismo, ni endurecerse en la dura prueba, ni tratar de olvidar con el tiempo. Es ofrecérselo a Dios para que él lo haga fructificar. Pero esto ni se razona, ni se fabrica, ni se comprende: es una experiencia espiritual».[2] Se trata de un proceso que depende de la fe y solo se consigue con un encuentro sincero con Dios. Barbara Johnson repite en sus escritos este concepto, el cual es el fruto de su experiencia dolorosa y su recuperación: «El dolor es inevitable, pero el sentirse miserable es opcional».[3]

Comprendí que su gracia es suficiente para nuestra vida.

Muchas veces clamamos como el apóstol Pablo para que Dios nos quite el «aguijón» de nuestra vida, recibiendo una respuesta que no apreciamos en su totalidad: «Te basta con mi gracia, pues

---

[2] Paul Tournier, *Medicina de la persona*, Publicaciones Andamio, Editorial Clie, 1997.

[3] Barbara Jonson, *Ponte una flor en el pelo y sé feliz*, Editorial Mundo Hispano, 1997.

mi poder se perfecciona en la debilidad» (2 Corintios 12:7-10). La gracia es el don de Dios que nos es dado. Él nos ha regalado a su propio Hijo, el cual con su sacrificio en la cruz nos abrió la entrada a su presencia, haciéndonos sus hijos y prometiéndonos estar con nosotros siempre.

Sin dudas un ejemplo claro del perdón lo encontramos en José. Él fue herido por el desprecio de sus hermanos, vendido a extranjeros, confinado a años de soledad y destierro lejos de sus seres queridos, en especial de su amado padre y su hermano menor, Benjamín. Padeció una prisión injusta como respuesta a su pureza ante el acoso de la mujer de Potifar. Sin embargo, al salir de la cárcel se vio promovido al alto cargo de gobernador de Egipto. Cuando los hermanos, motivados por el hambre en Israel, bajaron a Egipto en busca de alimentos, fue José el que los recibió. Ellos sintieron vergüenza por la conducta hacia su hermano y también angustia, pero el corazón de José solo albergó el perdón y pudo decirle esas palabras que me conmueven: «Es verdad que ustedes pensaron hacerme mal, pero Dios transformó ese mal en bien para lograr lo que hoy estamos viendo: salvar la vida de mucha gente» (Génesis 50:20).

Solo Dios puede transformar el dolor en bendición, y aunque no lo entendamos, creemos en la verdad declarada por el apóstol Pablo: «Dios dispone todas las cosas para el bien de quienes lo aman, los que han sido llamados de acuerdo con su propósito» (Romanos 8:28). Así como el fuego purifica al oro, si le entregamos nuestro dolor a Dios, él puede también revelarnos su gran amor y su guía permanente a lo largo de nuestra vida.

Aprendí el valor de la humillación cuando Dios la permite en nuestra vida.

El salmista expresó: «Bueno me es haber sido humillado, para que aprenda tus estatutos» (Salmo 119:77, RVR-60). El dolor nos humilla ante Dios, buscamos su rostro y nos disponemos a seguirlo y a obedecerlo. Y nos humilla también ante nuestros semejantes, capacitándonos para amarlos como a nosotros mismos.

Experimenté la paz del perdón.

La paz del perdón que se operó en nuestros corazones nos permite hoy a mis hijos y a mí tener una nueva experiencia: la de poder hablar libremente sobre lo que hemos vivido en familia. Por muchos años esto fue casi imposible. Era un tema muy doloroso del cual no nos animábamos a hablar para no sufrir. Hoy podemos conversar acerca de nuestra experiencia y sobre todo ver la mano de Dios guiando nuestras vidas. Su obrar llenó nuestro corazón de agradecimiento y gozo por su probada fidelidad. Que llegáramos a escribir los tres como lo hacemos ahora es algo que nunca pensamos, pero podemos hacerlo porque él vendó nuestras heridas y damos testimonio de su poder. Solo a Dios sea la gloria.

¿DE QUIÉNES ESPERA AYUDA LA FAMILIA QUE SUFRE LA RUPTURA MATRIMONIAL?

Durante el proceso de duelo por la ruptura del vínculo matrimonial, los integrantes de una familia por lo general esperan que algunas personas los ayuden.

Los seres queridos y familiares. El apoyo emocional de los que están más cercanos a la familia es muy importante. Sin embargo, existe un peligro, y es que la posición de ellos no sea neutral debido a su cercanía afectiva. De este modo, brindarán su apoyo sin tomar la suficiente distancia para poder pensar con objetividad. Se necesita que el que ayuda lo haga con sumo cuidado, ya que su influencia puede llevar a los que sufren a tomar decisiones apresuradas de las cuales quizás tengan después que arrepentirse. Le agradezco a Dios por mi madre, que fue un puntal para mis hijos y para mí durante el proceso del duelo. Ella supo mostrarnos todo su amor y apoyo, a la vez que como una fiel cristiana nos daba sus consejos desde esa posición, la de alguien que quería obedecer la voz de Dios frente a los conflictos que la ruptura generaba. Ella nos acercaba al Señor en todo momento con sus palabras y actitudes.

Los amigos. Como ya hemos expresado, los amigos sufren mucho al ver que dos personas a las que ellos quieren por igual están separadas. Les duele en realidad ver esto, por lo que intentan de diferentes formas que la ruptura no se produzca. Los buenos amigos son ese regalo de Dios con que siempre contamos, sea cual fuere la circunstancia que atravesamos. «En todo tiempo ama al amigo, y es como un hermano en tiempo de angustia» (Proverbios 17:17, RVR-60). El alejamiento de los amigos con frecuencia es otra de las cosas que se produce en la ruptura matrimonial. A pesar de eso siempre están los que son «más fieles que un hermano» (Proverbios 18:24), esos que se acercan con un genuino interés de brindar ayuda, solicitándole a Dios la guía para esta difícil tarea. Ellos son el motivo de que podamos unirnos a la expresión del salmista: «Los justos se reunirán en torno mío por la bondad que me has mostrado» (Salmo 142:7). Resulta muy enriquecedor estar rodeado de personas justas, es decir, de aquellos que practican en su vida las enseñanzas cristianas, los cuales son realmente un regalo de Dios. Así como Faraón tenía sus aliados que le sostenían los brazos para continuar con sus temibles propósitos, un hijo de Dios cuenta con la compañía de los justos, esos que lo llevan a confiar en aquel que nunca cambia. Doy testimonio de haber tenido a mi lado en el tiempo doloroso de mi separación a esos amigos que me dieron su consejo sabio y oportuno, brindándome su escucha amorosa, que calmaba mi angustia. Ellos no fueron como los amigos de Job, que luego de un oportuno silencio comenzaron a dar consejos con palabras que Dios no aprobó y merecieron el reproche divino (Job 42:7).

No puedo dejar de expresar mi profundo agradecimiento por mi amiga y confidente la Dra. Carmen Barchetta de Leys, ya con el Señor, que al igual que su esposo sintió nuestro dolor como propio, estando siempre dispuesta a escuchar nuestro llamado en cualquier momento del día o la noche, brindándome su apoyo y también a mis hijos como si fueran los propios. Ella fue una fiel intercesora ante Dios a favor nuestro. Éramos también compañeras de tareas, ya que trabajábamos juntas en el Centro de Adolescencia y Sexología del Hospital Rawson, ella como médica y yo como psicóloga. Nuestro mayor gozo era llevar a esas vidas jóvenes al conocimiento de Dios a fin de que tuvieran las fuerzas para enfrentar todas las dificultades propias de esa etapa de la vida. Juntas también vivimos y compartimos la compleja etapa de la adolescencia que atravesaban nuestros hijos, los cuales crecieron muy unidos y se consideraron como hermanos hasta hoy. Con la Palabra de Dios como guía, ella supo darnos consejos sabios que quedaron grabados en nuestro pensamiento y corazón.

La iglesia. El acompañamiento y la contención que la iglesia puede brindar a los hogares disfuncionales es de un valor incalculable. Su función es nada menos que impartir la gracia de Dios a los que sufren. La iglesia tiene que actuar con todo el amor de Dios frente a los conflictos emocionales de los que integran su membresía, brindar su apoyo en oración, y estar dispuesta a escuchar y no juzgar con apresuramiento. Toda persona que sufre, cualquiera que sea el origen de su dolor, necesita el amor de sus hermanos. La iglesia tiene que representar también una comunidad terapéutica para todos sus miembros, no siendo nunca una fuente de conflicto por las relaciones que se forman en ellas. Creo que las familias que sufren el desgarro de la separación necesitan un apoyo especial. En mi caso, le agradezco a Dios por mis hermanos de la iglesia debido a lo que significaron para mi familia y el amor que nos brindaron. Ese amor que nos demostraron tanto los hermanos de la iglesia donde servíamos al Señor como matrimonio como los de la iglesia que me vio crecer, a la cual volví luego de mi separación. Nos dolió muchísimo dejar aquella congregación donde nacieron nuestros hijos. Los hermanos también sufrieron mucho, pero a la vez fue una gran bendición para nosotros regresar a nuestra iglesia madre, donde nací, me crié, a la que concurrí desde mi temprana niñez y en la cual mis padres sirvieron al Señor con total dedicación.

Durante el duelo de los primeros momentos recibimos el consuelo de hermanos que no conocíamos, los cuales nos brindaron su apoyo espiritual de una forma nunca imaginada por nosotros. Recuerdo con inmenso agradecimiento a la querida familia Carovini: Don José, Doña Lola y Martita. Tres seres que el Señor puso en mi camino en el tiempo de mayor dolor. Ellos se mantuvieron acompañándonos en todo, con su oración permanente, estando pendientes de los acontecimientos recientes y dándonos sus consejos sabios basados en la Palabra de Dios. Indudablemente, el amor de Dios moraba en su corazón, ya que sin existir una amistad previa me fortalecieron con la confianza puesta en Dios. Recuerdo que los días martes los tres celebraban ayuno y oración por nuestro hogar. Su apoyo tuvo un incalculable valor para nuestras vidas y la de mi madre, que muchas veces se quedaba al cuidado de mis hijos deseosa de que yo fuera a recibir el sabio consejo de estos amados hermanos.

No puedo dejar de mencionar también el apoyo y la guía espiritual de un hombre de Dios al que acudí buscando su consejo. Su cuidadosa búsqueda de Dios antes de expresar una opinión, su guía y su disposición a ayudarme me hizo mucho bien. Me refiero a Don Aníbal Palazzo.

Estos fueron los «justos» que menciona el salmista, los cuales me rodearon y fortalecieron, y de quienes recibí el mismo consejo sin ellos ponerse de acuerdo para darlo, lo que me confirmaba que la guía venía de Dios y no hablaban siguiendo su «propia inteligencia» (Proverbios 3:5).

Mi agradecimiento va dirigido también a muchos otros hermanos que a lo largo del proceso del duelo nos brindaron todo su apoyo, cumpliendo con la principal tarea del cristiano: impartir la gracia de Dios a todos los fieles, sin diferencia alguna.

CONCLUSIÓN

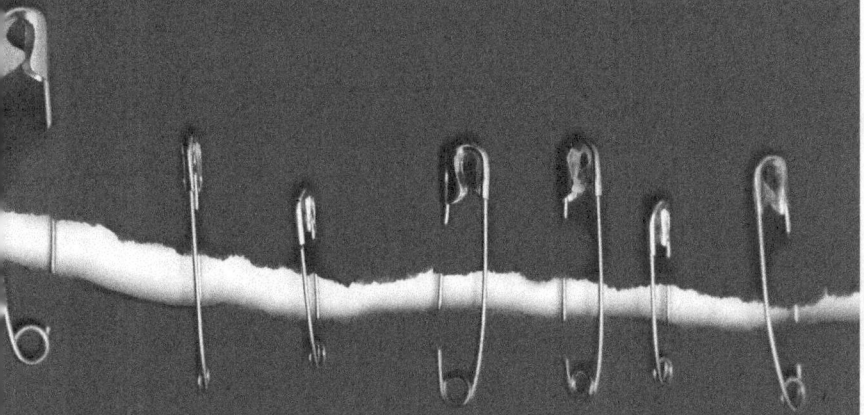

UN FUTURO SIN IGUAL

[ESCRIBE ESTEBAN]

CONCLUSIÓN: UN FUTURO SIN IGUAL

Al terminar este libro, te hablo una vez más específicamente a ti que te tocó experimentar el divorcio de tus padres, como si juntos nos estuviéramos tomando algo fresco en un caluroso día de verano. Tu vida es única, nadie atravesó exactamente tus mismas vivencias, y lo mismo sucede con tu fututo. Tú no tienes un cartel sobre tu cabeza que diga que vas a cometer los mismos errores de tus padres.

Alguien me dijo una vez que hacemos y no hacemos lo que creemos que podemos y no podemos hacer.

Piénsalo.

Necesitas creer que tienes un futuro brillante. Y la gran noticia es que puedes hacerlo porque tienes un Dios de luz, de historias con comienzos complicados pero finales rimbombantes, de aventuras imposibles y de una gracia ultra renovable.

¿Sabías que tus huellas digitales son únicas? Probablemente sí. Sin embargo, ¿has meditado alguna vez en esa realidad? En la actualidad hay siete mil millones de terráqueos y nadie en el planeta tiene tus mismas huellas digitales. ¿Por qué? Porque eres especial. Eres una maravilla. Y si pones tus dedos sobre arcilla, arena o tierra, puedes dejar una marca que nadie más en el mundo puede hacer. ¿A qué te quiero animar? A que la hagas. A que sueñes en grande, en colores, en seis dimensiones, con el volumen bien alto, demostrándole al mundo cuán especial eres.

En la Biblia, el apóstol Pablo nos deja claro algo muy importante a los hijos de padres divorciados. En su carta a los corintios, les comenta que Dios le dijo lo siguiente: «Te basta con mi gracia, pues mi poder se perfecciona en la debilidad». Y luego añade: «Por lo tanto, gustosamente haré más bien alarde de mis debilidades, para que permanezca sobre mí el poder de Cristo» (2 Corintios 12:9).

¿Alarde de sus debilidades? A mí me animan estas palabras. ¿Por qué Pablo habla de hacer alarde? Porque él tiene claro que sus debilidades, conflictos, así como las situaciones tristes que le tocó vivir, lo habían hecho más fuerte. Más sensible y apto para ayudar a otras personas.

Lo mismo sucede contigo. Lo que te ha tocado vivir puede convertirse en una posibilidad de ser mejor si lo pones en la perspectiva correcta. Dios no es culpable de nuestras malas decisiones ni de las de nuestros padres, pero siempre está insistiendo en darnos la oportunidad de convertir lo malo en bueno, y eso es lo genial de tener libre albedrío. Tenemos la posibilidad de elegir. Puedes determinar cómo te afecta lo que otros hicieron mal a tu alrededor y convertirlo en un trampolín hacia tu éxito. Las pruebas son escalones, nosotros decidimos si conducen hacia abajo o hacia arriba.

Hoy es un día soleado para tu futuro, porque estás decidiendo hacerlo brillante.

si trabajas con jóvenes nuestro deseo es ayudarte

EJ Especialidades Juveniles.com

MONTÓN DE RECURSOS PARA TU MINISTERIO JUVENIL

Visítanos en
www.especialidadesjuveniles.com

 /EspecialidadesJuveniles   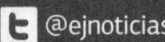 @ejnoticias

JESÚS AMA A LOS NERDS

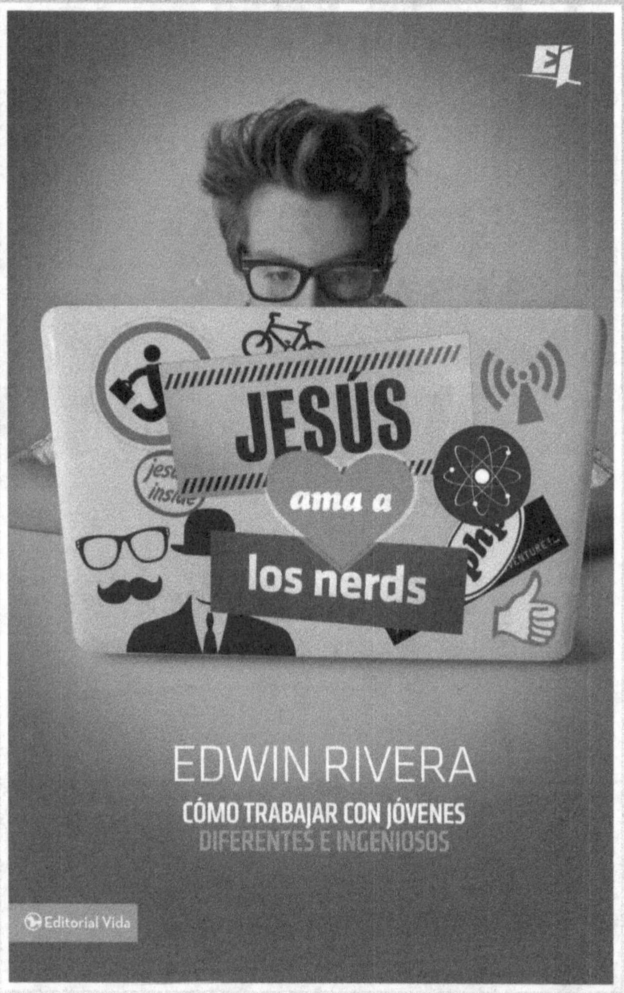
JESÚS
ama a
los nerds
EDWIN RIVERA
CÓMO TRABAJAR CON JÓVENES
DIFERENTES E INGENIOSOS
Editorial Vida

EL CÓDIGO DE LA PUREZA

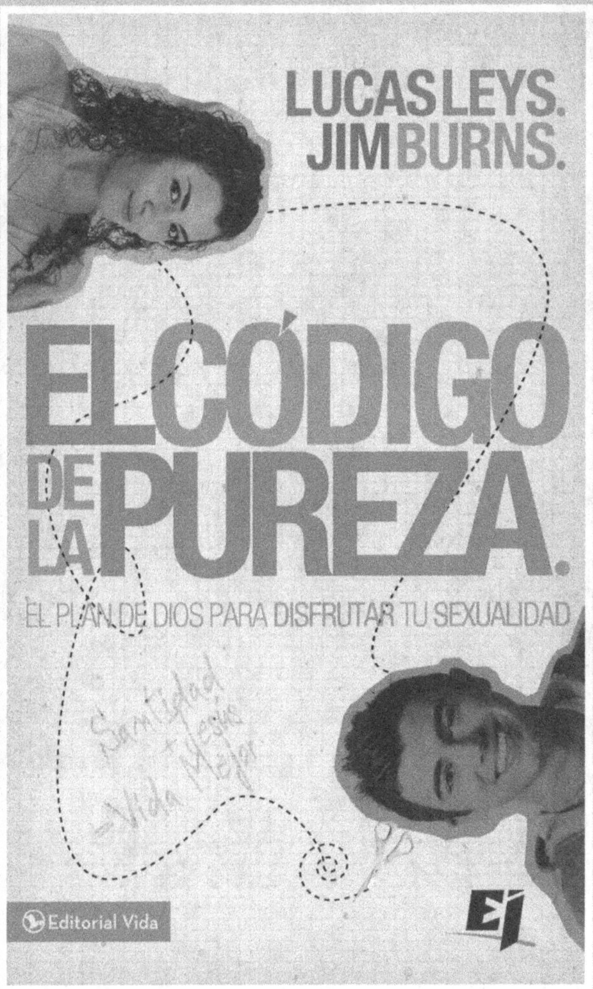
LUCAS LEYS.
JIM BURNS.
EL CÓDIGO DE LA PUREZA.
EL PLAN DE DIOS PARA DISFRUTAR TU SEXUALIDAD
Santidad + Jesús = Vida Mejor
Editorial Vida

DILEMAS QUE ENSEÑAN

EL PEQUEÑO MANUAL PARA NOVIOS

El pequeño Manual para novios

Sebastián Golluscio

Editorial Vida

ME PERDIERON

David **Kinnaman**

ME PERDIERON

Por qué hay jóvenes cristianos dejando la iglesia y repensando su fe.

Editorial Vida

LA BATALLA DE LAS DROGAS

ELVIS, PITÁGORAS Y LA HISTORIA DE DIOS

JUNIOR ZAPATA

ELVIS, PITÁGORAS Y LA HISTORIA DE DIOS

EL ARTE Y LA CIENCIA COMO AMIGOS DE LA FE

Editorial Vida

Nos agradaría recibir noticias suyas.
Por favor, envíe sus comentarios sobre este libro
a la dirección que aparece a continuación.
Muchas gracias.

Vida@zondervan.com
www.editorialvida.com

www.ingramcontent.com/pod-product-compliance
Lightning Source LLC
LaVergne TN
LVHW031630070426
835507LV00024B/3413